Señor
de los Milagros
de Buga

Novena Bíblica
Oración para el día 14 de cada mes
Viacrucis

Con aprobación eclesiástica
Misioneros Redentoristas

Primera edición: 50.000 ejemplares

Publicado por:
Centro de Comunicaciones «San Alfonso»
Avenida 28 Nº 39-27 • La Soledad
Bogotá, D.C. - Colombia

FOTOGRAFÍAS:

Portada: Imagen original del Señor de los Milagros,
Buga - Valle. Colombia.

Contraportada: Icono original de Nuestra Señora del
Perpetuo Socorro, Iglesia San Alfonso María de
Ligorio en Roma.

En el interior: Mural de la sala penitencial de la
Basílica de Buga, obra del maestro Gustavo Rojas y
algunos alumnos de la Casa de la Cultura, 1977.
Fotos Harold Hurtado.

Diagramación e Impresión:
Editorial Kimpres Ltda.
PBX: 413 6884 • Fax: 290 7539
Bogotá, D.C. - Colombia
Diciembre de 2005

Índice

VIACRUCIS

Presentación

San Alfonso María de Ligorio consagró su vida al servicio de la Iglesia, escribió mucho sobre la oración; pero, sobre todo, rezó mucho y es uno de los grandes maestros de oración. Sus obras continúan publicándose en todo el mundo.

En sintonía con el espíritu de san Alfonso, los Misioneros Redentoristas queremos responder a las necesidades espirituales de todos, siendo fieles al seguimiento de Cristo en la evangelización de los más necesitados, mediante la predicación explícita, ordinaria y extraordinaria de la Palabra de Dios.

En estas páginas, que nos ayudan a la oración como encuentro con Dios, pretendo seguir el ejemplo de Jesús que conoce las oraciones de la comunidad, alaba a Dios, da gracias y ora con ella. Por ello presento este nuevo modelo de oración que incluye:

- **la adoración**, para presentarnos con humildad ante Dios;
- **la alabanza**, que es oración desinteresada;

- **la oración de petición,** que nos prepara para recibir los dones que Dios nos concede misericordiosamente, especialmente el perdón, la gracia y todo cuanto necesitamos;
- **la intercesión,** que presenta al Señor las necesidades de los demás, incluso de nuestros enemigos, nos une a Jesús *que está siempre vivo para interceder en nuestro favor* (Hebreos 7, 25).
- **La acción de gracias,** que llena nuestra vida entera porque es agradecimiento por todo lo que recibimos de Dios.

Bendito sea el Dios y Padre de nuestro Señor Jesucristo, que nos ha bendecido con toda clase de bendiciones espirituales, en los cielos, en Cristo, (Efesios 1,3).

GABRIEL LONDOÑO SEPÚLVEDA
Misionero Redentorista

Mi Profesión de Fe

Yo creo en un solo Dios, Padre todopoderoso, creador del cielo y de la tierra, de todo lo visible y lo invisible.

Creo en un solo Señor, Jesucristo, Hijo único de Dios, nacido del Padre antes de todos los siglos: Dios de Dios, Luz de Luz, Dios verdadero de Dios verdadero, engendrado, no creado, de la misma naturaleza que el Padre, por quien todo fue hecho; que por nosotros, los hombres, y por nuestra salvación bajó del cielo, y por obra del Espíritu Santo se encarnó de María, la Virgen, y se hizo hombre; y por nuestra causa fue crucificado en tiempos de Poncio Pilato; padeció y fue sepultado y resucitó al tercer día, según las Escrituras, y subió al cielo, y está sentado a la derecha del Padre; y de nuevo vendrá con gloria para juzgar a vivos y muertos, y su reino no tendrá fin.

Creo en el Espíritu Santo, Señor y dador de vida, que procede del Padre y del Hijo, que con el Padre y el Hijo recibe una misma adoración y gloria, y que habló por los profetas.

Creo en la Iglesia, que es una, santa, católica y apostólica. Confieso que hay un solo Bautismo para el perdón de los pecados. Espero la resurrección de los muertos y la vida del mundo futuro. Amén.

Novena Bíblica
al Señor de los Milagros de Buga

MODO DE ORAR CON LA NOVENA
AL SEÑOR DE LOS MILAGROS DE BUGA

1. En el nombre del Padre y del Hijo y del Espíritu Santo. Amén.

2. Salmo 63 y antífona para todos los días.

3. Oración inicial a Jesucristo.

4. La Sagrada Biblia.

5. Meditación propia para cada día.

6. Salmo del día.

7. Oración de homenaje.

8. Gozos

9. Oración final.

10. Bendición.

1. En el nombre del Padre y del Hijo y del Espíritu Santo. Amén.

2. Salmo 63 y antífona para todos los días

Antífona: Mi alma está sedienta de ti, Dios mío.

Oh Dios, tú eres mi Dios, por ti madrugo,
mi alma está sedienta de ti;
como tierra reseca, agrietada, sin agua.

¡Cómo te contemplaba en el santuario,
viendo tu fuerza y tu gloria!
Tu gracia vale más que la vida,
te alabarán mis labios.

Toda mi vida te bendeciré
y alzaré las manos invocándote.
Me saciaré como de manjares exquisitos
y mis labios te alabarán jubilosos.

Porque fuiste mi auxilio,
y a la sombra de tus alas canto con júbilo;
mi alma está unida a ti
y tu diestra me sostiene.

Gloria al Padre y al Hijo y al Espíritu Santo.
Como era en el principio ahora y siempre
por los siglos de los siglos. Amén.

Antífona: Mi alma está sedienta de ti, Dios mío.

3. Oración a Jesucristo para todos los días

SEÑOR YO CREO

«Oh Señor, haz que mi fe sea pura, sin reservas, que penetre en mi pensamiento, en mi modo de juzgar las cosas divinas y las humanas.

Oh Señor, haz que mi fe sea libre; es decir, que cuente con el concurso personal de mi elección, que acepte las renuncias y los riesgos que ella comporta, que manifieste la esencia última de mi personalidad: creo en ti, oh Señor.

Oh Señor, haz que mi fe sea cierta: cierta en la razón exterior de las pruebas y en el testimonio interior del Espíritu Santo, segura de su luz confirmante, de su final pacificador, de su connaturalidad sosegadora.

Oh Señor, haz que mi fe sea fuerte, que no tema la contrariedad de los problemas que llenan la experiencia de nuestra vida; que no le asuste la adversidad de quienes la discuten, la combaten, la rechazan o la niegan; que se fortifique en la prueba íntima de tu verdad, se entrene en el esfuerzo de la crítica, se consolide en la afirmación permanente, capaz de superar las dificultades dialécticas y espirituales en que se consuma nuestra existencia temporal.

Oh Señor, haz que mi fe sea gozosa, que pacifique y alegre mi espíritu y lo disponga a la oración con Dios y a la conversación con los hombres, de tal forma que trascienda en la conversación sagrada o profana la dicha original de su bienaventurada posesión.

Oh Señor, haz que mi fe sea activa, que preste a la caridad las razones de su expansión moral, de manera que sea auténtica amistad contigo y sea tuya en las obras, en los padecimientos, en la espera de la revelación final; que sea una búsqueda continua, un permanente testimonio y una indefectible esperanza.

Oh Señor, haz que mi fe sea humilde, que no pretenda fundarse en la experiencia de mi pensamiento, de mi sentimiento, que se rinda al testimonio del Espíritu Santo y no cuente con otra garantía mejor que la docilidad a la autoridad del magisterio de la santa Iglesia. Amén». (Del Papa Pablo VI, 30 de Octubre de 1968).

4.	**La lectura bíblica.**

5.	**La meditación propia para cada día.**

6.	**El salmo para cada día de la novena.**

7. Oración de homenaje al Señor de los Milagros

Señor de los Milagros, te presentamos el homenaje de nuestra fe, nuestra esperanza y nuestro amor.

Creemos en Ti, Hijo de Dios, Hermano y Salvador nuestro. Confiamos en tu bondad y poder. Queremos amarte siempre cumpliendo tus mandamientos y sirviéndote en nuestros hermanos.

Te damos gracias porque nos amas, nos atraes con tu imagen, nos acoges en tus brazos, nos guías con tu palabra y nos brindas tu perdón.

Señor de los Milagros,
te consagramos nuestras familias: consérvalas en la armonía;
nuestras casas: ilumínalas con tu presencia;
nuestras alegrías: santifícalas con tu amor;
nuestras preocupaciones: acógelas en tu bondad;
nuestras dolencias: remédialas con tu misericordia;
nuestro trabajo: fecúndalo con tu bendición.

Señor de los Milagros,
te imploramos la firmeza en la fe,
la fidelidad a tu Iglesia,
el don de la paz y la gloria eterna.

Madre del Perpetuo Socorro, recibe esta plegaria y preséntala a tu divino Hijo. Amén.

8. Gozos

**MILAGROSO BUEN JESÚS,
SÁLVENOS TU SANTA CRUZ,
BONDADOSO BUEN JESÚS,
ERES VIDA, GOZO Y LUZ.**

Para salvar tus corderos
te llamaste Buen Pastor,
y con ese inmenso amor
cruzaste nuestros senderos,
Dios y Hombre verdadero:
nuestro guía y nuestra luz.
MILAGROSO BUEN JESÚS...

El Reino fue tu programa,
la justicia y la hermandad,
la paz y la caridad
que un nuevo mundo proclama
y que el corazón inflama,
peregrino de Emaús.
MILAGROSO BUEN JESÚS...

Admirable caridad
de una indígena sencilla,
que te obliga –oh maravilla–
a volver una vez más
para mostrar tu bondad,
amable y dulce Jesús.
MILAGROSO BUEN JESÚS...

Tras la noche más oscura
se hace el mundo luminoso
porque el Cristo Milagroso
–como un astro de luz pura–
sobre los pueblos fulgura
desde el árbol de la cruz.
MILAGROSO BUEN JESÚS...

Multiplicas los portentos
como en tu vida terrena,
cambias en gozo las penas
y en gracia los sufrimientos,
a los tristes das contento
y pan a la multitud.
MILAGROSO BUEN JESÚS...

Vamos haciendo camino
entre gozos y dolor.
Mira al pueblo en aflicción,
Samaritano Divino,
y que tu aceite y tu vino
hagan fecunda la cruz.
MILAGROSO BUEN JESÚS...

Oh Profeta de la vida,
pregonero de la paz,
concédenos superar
la violencia fratricida.
Cambia, Señor, las heridas
en justicia y rectitud.
MILAGROSO BUEN JESÚS...

9. Oración Final

Señor de los Milagros,
te damos gracias porque a una indiecita, en los comienzos de nuestra historia latinoamericana, la hiciste instrumento de tus maravillas.

Aquella mujer nos recordó que más importaba la libertad de un hombre, que la posesión de una imagen. Suscita en nosotros el recuerdo de esta lección evangélica, siempre que nos postremos ante Ti, Señor de los Milagros, para pedirte un favor o agradecerte un beneficio.

Acrecienta nuestra fe en tu presencia, que se manifiesta de diversos modos, ya te adoremos en la Eucaristía, ya te consideremos en tu Evangelio, o cuando nos postremos ante tu Cruz, o te veamos en nuestros hermanos, especialmente en los que sufren y en los que luchan por el logro de sus aspiraciones hacia una vida más digna del hombre.

Bendícenos, misericordioso, a todos, e inspíranos deseos sinceros de una vida más cristiana y más entregada al servicio de nuestros hermanos. Amén.

10. Bendición

PADRENUESTRO QUE ESTÁS EN LOS CIELOS...

DIOS TE SALVE, MARÍA, LLENA ERES DE GRACIA...

GLORIA AL PADRE Y AL HIJO Y AL ESPÍRITU...

Que la gracia y la bendición del Señor de los Milagros esté con cada uno de nosotros. La paz de su semblante nos tranquilice. Los méritos de su cruz nos defiendan.

El amor de su corazón nos inflame. Los sufrimientos de su Pasión nos consuelen. El resplandor de sus llagas iluminen cada una de nuestras palabras y acciones. Y sus brazos amorosos nos acojan algún día en la gloria eterna del cielo.

Y la bendición de Dios todopoderoso: Padre, Hijo y Espíritu Santo, descienda sobre nosotros y permanezca para siempre. Amén.

DÍA PRIMERO

Importa más la libertad de la persona
que la posesión de una imagen.

1, 2, 3 en la página 12 y siguientes...

4. DEL EVANGELIO SEGÚN SAN LUCAS
10, 21-22

En ese momento Jesús se llenó del gozo del Espíritu Santo y dijo: 'Yo te bendigo, Padre, Señor del cielo y de la tierra, porque has ocultado estas cosas a los sabios y entendidos y se las has dado a conocer a la gente sencilla. Sí, Padre, pues tal ha sido tu voluntad. Mi Padre ha puesto todas las cosas en mis manos; nadie sabe quién es el Hijo, sino el Padre; nadie sabe quién es el Padre sino el Hijo y aquel a quien el Hijo quiera dárselo a conocer'.

Palabra del Señor. Gloria a Ti Señor Jesús.

5. MEDITEMOS

El Señor se sirvió de una mujer sencilla y pobre, de una indiecita lavandera, para entregarnos por ella la imagen que en Buga veneramos.

Buga era una población recién fundada a mediados del siglo XVI. La mujer sencilla, iniciada ya en lo fundamental de la vida cristiana, ahorraba dinero y trabajaba, con el fin de encargar una imagen de Jesús Crucificado. Pero ella sabía muy bien que el prójimo, sobre todo el más necesitado, es imagen viva del Señor. Sabía aquello del Evangelio: *Todo lo que hicieron por uno de estos mis hermanos, por humildes que sean, por mí mismo lo hicieron* (Mateo 25, 40).

Pidamos la gracia que deseamos en esta novena...

Jesús, Tú viniste por los enfermos y los pecadores. Por eso, me vuelvo hacia Ti y quiero pedirte que sanes mi alma y mi cuerpo. Tú sabes, Jesús, que el pecado desgarra y destroza la integridad del ser humano y destruye las relaciones humanas y nuestra amistad contigo. Pero no existe pecado ni enfermedad que Tú no puedas curar con tu Palabra omnipotente. Tú eres el Dios con nosotros. Te pido que entres en mi vida.

María, Madre del Perpetuo Socorro, tú me has invitado a orar, quiero hacerlo ahora y por eso te pido que acompañes mi oración con tu fe. Ora conmigo en estos momentos, para que pueda ser digno de obtener la gracia de la curación, no sólo para mí, sino también para aquellos por quienes deseo interceder. Haz que la voluntad del Padre se cumpla en mí y a través de mí.

6.   SALMO 42

MI ESPERANZA ESTÁ EN DIOS

Como busca la sierva corrientes de agua,
así mi alma te busca a ti, Dios mío;
tiene sed de Dios, del Dios vivo:
¿cuándo entraré a ver el rostro de Dios?
Las lágrimas son mi pan, noche y día,
mientras todo el día me repiten:
'¿Dónde está tu Dios?'

Recuerdo otros tiempos,
y desahogo mi alma conmigo:
cómo marchaba a la cabeza del grupo
hacia la casa de Dios,
entre cantos de júbilo y alabanza,
en el bullicio de la fiesta.

¿Por qué te acongojas alma mía,
por qué te me turbas?
Espera en Dios, que volverás a alabarlo:
'Salud de mi rostro, Dios mío'.

Gloria al Padre y al Hijo y al Espíritu Santo...

CONTINÚA CON LA ORACIÓN DE HOMENAJE, LOS GOZOS, LA ORACIÓN FINAL Y LA BENDICIÓN, EN LA PÁGINA 15.

DÍA SEGUNDO

Todo lo que hicieron por uno de estos mis
hermanos humildes, por mí mismo lo hicieron
(Mt. 25,40)

1, 2, 3 en la página 12 y siguientes...

4. DEL EVANGELIO SEGÚN SAN MATEO
25, 34-36

Entonces el Rey dirá a los que están a su derecha: 'Vengan, benditos de mi Padre, y tomen posesión del reino que ha sido preparado para ustedes desde el principio del mundo. Porque tuve hambre y ustedes me dieron de comer; tuve sed y ustedes me dieron de beber. Fui forastero y ustedes me recibieron en su casa. Anduve sin ropas y me vistieron. Estuve enfermo y fueron a visitarme. Estuve en la cárcel y me fueron a ver'.
Palabra del Señor. Gloria a Ti Señor Jesús.

5. MEDITEMOS

Ya tenía la indígena el precio de la imagen, setenta reales en moneda de la época. Ya podía ilusionarse con poseerla. Pero supo que un hombre estaba preso, víctima de un infame usurero, a quien le debía precisamente la suma anotada, setenta reales. Y nuestra sencilla lavandera reflexionó: importa más la libertad de mi hermano preso que la posesión de la imagen. Y el dinero ahorrado para comprar el Crucifijo sirvió más bien para dar la libertad al preso. La mujer había visto en el encarcelado la imagen viva de Cristo. Había entendido aquello del Evangelio: *Estuve preso y se interesaron por mí* (Mateo 25, 36).

Y nos enseñó una gran lección: el cristianismo venera las imágenes, pero antes debe vivirse en el amor y entrega al hermano, sobre todo al más necesitado. Lo dijo Jesús: *Si se aman unos a otros, todo el mundo conocerá que son discípulos míos* (Juan 13, 35).

Pidamos la gracia que deseamos en esta novena...

Jesús, frecuentemente he dudado en hacer el bien. En su lugar he preferido a menudo hacer mi voluntad y las consecuencias de ello me han hecho mal. ¡Sáname de mi incredulidad y de las resistencias que he opuesto, las veces que me he negado a aceptar la voluntad del Padre! Creo en Ti y confío en Ti. Por tanto me pongo totalmente en tus manos. Hágase en mí tu voluntad Señor, en la salud y en la enfermedad; en el éxito y en el fracaso; en las alegrías y en las tristezas; en la vida y en la muerte; en el presente y en la eternidad.

María, Madre del Perpetuo Socorro, con tu oración, alcanza para mí la gracia de que mi determinación de seguir a Jesús sea irrevocable. ¡Ayúdame para que nunca me aparte de ella y a permanecer siempre fiel a esta decisión!

6. SALMO 27

¿A QUIÉN VOY A TEMER
SI DIOS ESTÁ CONMIGO?

El Señor es mi luz y mi salvación,
¿a quién temeré?
El Señor es la defensa de mi vida,
¿quién me hará temblar?
Cuando me asaltan los malvados,
ellos tropiezan y caen.
Si un ejército acampa contra mí,
permaneceré tranquilo.

Una cosa pido al Señor, eso buscaré:
habitar en la casa del Señor
todos los días de mi vida.
Gozar de la dulzura del Señor
adorando en su templo.
El Señor me protegerá bajo su sombra
el día del peligro.
Me pondrá a salvo como sobre una roca,
así podré ofrecer sacrificios en su templo,
y aclamar, y tocar, y cantar en honor del Señor.

Escúchame, Señor, que te llamo,
ten piedad, respóndeme.
Mi corazón me dice:
'Busca la presencia del Señor'

Y yo digo: 'Tu rostro buscaré Señor'.
No me escondas tu rostro, no te escondas de mí.

No rechaces con ira a tu siervo,
que tú eres mi auxilio,
no me deseches, no me abandones,
Dios de mi salvación.
Si mi padre y mi madre me abandonan,
el Señor me recogerá.
Señor, enséñame el buen camino,
porque tengo enemigos.
No me entregues a la saña de mis adversarios.
Espero gozar del Señor en el país de la vida.
Ten confianza y espera en el Señor.
Sé valiente, ten valor.
Sí, ten confianza en el Señor.

Gloria al Padre y al Hijo y al Espíritu Santo...

CONTINÚA CON LA ORACIÓN DE HOMENAJE, LOS GOZOS, LA ORACIÓN FINAL Y LA BENDICIÓN, EN LA PÁGINA 15.

DÍA TERCERO

Por el bautismo somos
la imagen viva de Jesús.

1, 2, 3 en la página 12 y siguientes...

4. DE SAN PABLO A LOS ROMANOS 8, 5-10

Los que viven según la carne no piensan más que carne, y los que viven según el Espíritu buscan las cosas del espíritu. Pero no hay sino muerte en lo que ansía la carne, mientras que el espíritu anhela vida y paz. Los proyectos de la carne están en contra de Dios, pues la carne no se somete a la ley de Dios, y ni siquiera puede someterse. Por eso los que viven según la carne no pueden agradar a Dios.

Ustedes ya no están en la carne, sino que viven en el espíritu, pues el Espíritu de Dios habita en ustedes. Si alguno no tuviera el Espíritu de Cristo, éste no le pertenecería. Pero Cristo está en ustedes, y aunque el cuerpo lleve en sí la muerte a consecuencia del pecado, el espíritu es vida por haber sido santificado.
Palabra de Dios. Te alabamos Señor.

5. MEDITEMOS

La indiecita estaba ya resignada a carecer de una imagen de Jesús Crucificado, objeto de sus ilusiones. Siguió lavando ropa en el río Guadalajara, que entonces corría por donde actualmente está la Basílica del Señor de los Milagros. Un día entre las aguas del río, la mujer observa un objeto curioso. Era un pequeño Crucifijo de madera. Emocionada lo toma en sus brazos, después de haber reconocido la imagen de Jesús en el prisionero, recoge como premio la imagen del Señor que ella deseaba. La lleva a su choza, la guarda en una caja de madera y empieza a venerarla con su sencilla piedad de mujer del pueblo. Entre las aguas le vino la imagen del Señor. Por las aguas del bautismo se nos entregó a nosotros la imagen viva de Jesús. Y por eso somos hijos de Dios. Nos lo enseña san Pablo: *Por medio del bautismo fuimos enterrados junto con Cristo y estuvimos muertos, para ser resucitados y vivir una vida nueva.* (Romanos 6, 4). Por esa vida nueva somos hijos de Dios, iguales en dignidad y hechos hermanos unos de otros.

Pidamos la gracia que deseamos en esta novena...

Jesús, yo renuncio a todo pecado, renuncio a Satanás y a todas sus seducciones, a sus mentiras y engaños. Renuncio a cualquier ídolo e idolatría. Renuncio a mi falta de perdón y a mi rencor. Jesús, Tú nos has llamado a amar. Hoy reconozco ante Ti la fragilidad de mi amor. Libérame de todas las heridas provocadas por el desamor, heridas que me impiden amarte a Ti, mi Señor. María, Madre del Perpetuo Socorro, por tanto tiempo conviviste día tras día con Jesús, eres Tú quien mejor lo

conoce. Ayúdame a hacer a un lado todo lo que obsta-
culiza mi encuentro con Él. María, con tu oración, alcánzame la gracia que la Palabra de Jesús me con-
mueva; que su amor me incite a amar y que su perdón
me haga capaz de perdonar.

6. SALMO 59

EL SEÑOR ES NUESTRO PROTECTOR

Dios mío, líbrame de mis enemigos;
ponme a salvo de mis agresores;
líbrame de los malhechores,
sálvame de los que tratan de hacerme mal.

Despierta, ven a mi encuentro, y mira, Señor,
Dios de los ejércitos y Dios de Israel.
En Ti estaré protegido, Dios mío,
pues Tú eres mi fortaleza y protección.
El Dios que me ama vendrá a mi encuentro;
me hará ver la derrota de mis enemigos.
¡El Señor es nuestro protector!
¡Que se sepa que Dios es Rey
en Jacob y hasta lo último de la tierra!

En cuanto a mí, te cantaré por la mañana:
anunciaré a voz en cuello tu amor y tu poder,
pues Tú has sido mi protección,
mi refugio en momentos de angustia.

A Ti cantaré himnos, Dios mío,
pues Tú eres mi fortaleza y protección;
Tú eres el Dios que me ama.

Gloria al Padre y al Hijo y al Espíritu Santo...

CONTINÚA CON LA ORACIÓN DE HOMENAJE, LOS GOZOS, LA ORACIÓN FINAL Y LA BENDICIÓN, EN LA PÁGINA 15.

DÍA CUARTO

Crecemos en nuestra vida de cristianos.

1, 2, 3 en la página 12 y siguientes...

4. DEL EVANGELIO SEGÚN SAN LUCAS 12, 8-12

Yo les digo: Si uno se pone de mi parte delante de los hombres, también el Hijo del Hombre se pondrá de su parte delante de los ángeles de Dios. Para el que critique al Hijo del Hombre habrá perdón, pero no habrá perdón para el que calumnie al Espíritu Santo.

Cuando los lleven ante las sinagogas, los jueces y las autoridades, no se preocupen de cómo se van a defender o qué van a decir; llegada la hora, el Espíritu Santo les enseñará lo que tengan que decir.
Palabra del Señor. Gloria a Ti, Señor Jesús.

5. MEDITEMOS

Una noche la indiecita oyó que la caja, dentro de la cual había introducido el Crucifijo, crujía con extraño ruido. Se acercó y comprobó un raro suceso: la imagen estaba creciendo, se dilataba y por eso hacía estallar la caja en la que lo había guardado. Los vecinos, enterados del hecho, reclamaron para la publica veneración esa singular imagen. El Cristo crecía para todos, no únicamente para la afortunada lavandera...

Cuando Jesús vivió entre los hombres, según el Evangelio: *Crecía en cuerpo y en espíritu y tenía la aprobación de Dios y de la gente* (Lucas 2, 52). Y cuando los hombres inicuos pretendieron atajarlo en su crecimiento matándolo y sepultándolo, fue el momento en que creció con más gloria y esplendor por su maravillosa resurrección. *Por eso Dios le dio el más alto honor y el nombre-sobre-todo-nombre* (Filipenses 2,9).

El crecimiento de la imagen nos pone ante los ojos ese crecimiento glorioso de Jesús y nos recuerda que nosotros, su Iglesia, continuamos esa obra, siendo cada día más hijos de Dios y más hermanos entre nosotros mismos.

Pidamos la gracia que deseamos en esta novena...

Te pido, Señor, por todos aquellos que habiéndose vuelto hacia mí, en busca de amor y comprensión, quedaron paralizados ante la oscuridad que encontraron en mi mirada, llena de egoísmos y soberbia. ¡Permite, Jesús, que de ahora en adelante, tu rostro y tu luz brille a través de nosotros para iluminar a toda la humanidad! Gracias por aquellos que en este día socorren a sus hermanos y hermanas más rechazados y que al hacerlo, te aman a Ti en ellos.

María, Madre del Perpetuo Socorro, alcánzanos con tu oración el regalo maravilloso de que el rostro de Jesús se refleje en todos los que oramos y meditamos con esta novena. Yo sé, que éste también es tu deseo.

6.   SALMO 23

TÚ, SEÑOR, ESTÁS CONMIGO

El Señor es mi Pastor, nada me falta;
en verdes praderas me hace recostar;
me conduce hacia fuentes tranquilas
y repara mis fuerzas.
Me guía por el sendero justo
por el honor de su nombre.

Aunque camine por valles oscuros, nada temo,
porque Tú vas conmigo,
tu vara y tu cayado me sostienen.
Preparas una mesa ante mí,
frente a mis adversarios;
me unges la cabeza con perfume,
y mi copa rebosa.

Tu bondad y misericordia me acompañan
todos los días de mi vida,
y habitaré en la casa del Señor
por días sin término.

Gloria al Padre y al Hijo y al Espíritu Santo...

CONTINÚA CON LA ORACIÓN DE HOMENAJE, LOS GOZOS, LA ORACIÓN FINAL Y LA BENDICIÓN, EN LA PÁGINA 15.

DÍA QUINTO

Llevamos a Cristo en nuestra vida
de acuerdo a nuestras obras.

1, 2, 3 en la página 12 y siguientes...

4. DE LA PRIMERA CARTA DE SAN PEDRO
3, 13-17

Y ¿quién podrá hacerles daño si se esfuerzan en hacer el bien? Felices ustedes si incluso tienen que sufrir por haber actuado bien. 'No teman lo que ellos temen ni se asusten, sino bendigan en sus corazones al Señor', a Cristo; estén siempre dispuestos para dar una respuesta a quien les pida cuenta de su esperanza, pero háganlo con sencillez y deferencia, sabiendo que tienen la conciencia limpia. De este modo, si alguien los acusa, la vergüenza será para aquellos que calumnian la vida recta de los cristianos Es mejor sufrir por hacer el bien, si tal es la voluntad de Dios, que por hacer el mal.
Palabra de Dios. Te alabamos Señor.

5. MEDITEMOS

La imagen creció y hubo que sacarla de la urna en que la había puesto la indiecita. Este Cristo de los Milagros nos está invitando a crecer. El que cada día haga esfuerzos para ser mejor esposo, mejor esposa, mejor hijo, persona más entregada al servicio de los demás, está creciendo ante Dios y ante los hombres. Este es el crecimiento personal. Crecemos también comunitariamente cuando nos esforzamos por tender la mano a los más débiles, por ser mejores vecinos, por ayudar a los que menos pueden, a los que menos saben, a los que más sufren. Porque el cristiano «crece» también para los demás y con los demás, así como la imagen no creció sólo para la indiecita sino para un pueblo y para siglos venideros. Lo dice bellamente san Pablo: *Dios preparó a los suyos para hacer su trabajo de servicio, para hacer crecer el cuerpo de Cristo... Así seremos personas maduras, desarrolladas conforme a la estatura completa de Cristo* (Efesios 4, 12-13).

Pidamos la gracia que deseamos en esta novena...

Padre bueno, concédeme tu gracia para que pueda desde ahora llenarme de gozo, mientras me preparo a encontrarme contigo, en el **SACRAMENTO DE LA RECONCILIACIÓN (como fruto de esta novena, una buena confesión).**

Haz que desaparezcan en mí todo miedo y vacilación, de tal suerte que sepa, cómo debo confesar mis pecados. Envía tu Espíritu sobre mí, para que los recuerde todos y sienta dolor por ellos. Dame el valor para no mantener en secreto ningún pecado, abriendo mi alma ante Ti con toda sencillez y sinceridad.

Nuestra Señora del Perpetuo Socorro, Madre de la reconciliación y la paz, como hijos tuyos nos has invitado a reconciliarnos con el Padre. Gracias porque muchos en Buga y en el mundo entero acuden contentos a reconciliarse con Dios a través de la sagrada Confesión. Gracias, Madre, porque muchos han encontrado por este medio la paz interior y la libertad. Haz que despierte en mí la conciencia de mi responsabilidad, conmigo mismo y con los demás, y particularmente con los planes que el Padre me revela por medio tuyo.

6.   SALMO 50

ACTO DE CONTRICIÓN

Misericordia, Dios mío, por tu bondad,
por tu inmensa compasión borra mi culpa.
Lava del todo mi delito, limpia mi pecado.
Pues yo reconozco mi culpa.
Tengo siempre presente mi pecado.

Contra ti, contra ti solo pequé,
cometí la maldad que aborreces.
En la sentencia tendrás razón,
en el juicio resultarás inocente.
Mira, en la culpa nací,
pecador me concibió mi madre.
Te gusta un corazón sincero y
en mi interior me inculcas sabiduría.
Rocíame con el hisopo: quedaré limpio:
lávame: quedaré más blanco que la nieve.
Hazme oír el gozo y la alegría,
que se alegren los huesos quebrantados.
Aparta de mi pecado tu vista,
borra en mí toda culpa.

Oh Dios, crea en mí un corazón puro,
renuévame por dentro con espíritu firme;
no me arrojes lejos de tu rostro,
no me quites tu Santo Espíritu;
devuélveme la alegría de tu salvación,
afiánzame con Espíritu generoso.

Enseñaré a los malvados tus caminos,
los pecadores volverán a ti.
¡Líbrame de la sangre, oh Dios,
Dios, Salvador mío!
Y cantará mi lengua tu justicia,
Señor, me abrirás los labios,
y mi boca proclamará tu alabanza.
Los sacrificios no te satisfacen;
si te ofreciera un holocausto, no lo querrías.
Mi sacrificio es un espíritu arrepentido,
un corazón arrepentido y humillado tú no lo desprecias.

Señor, por tu bondad, favorece a Sión,
reconstruye las murallas de Jerusalén:
entonces aceptarás los sacrificios rituales,
ofrendas y holocaustos,
sobre tu altar se inmolarán novillos.

Gloria al Padre y al Hijo y al Espíritu Santo...

CONTINÚA CON LA ORACIÓN DE HOMENAJE, LOS GOZOS, LA ORACIÓN FINAL Y LA BENDICIÓN, EN LA PÁGINA 15.

DÍA SEXTO

Cambiamos nuestra vida
renovándonos espiritualmente.

1, 2, 3 en la página 12 y siguientes...

4. DE SAN PABLO A LOS ROMANOS 8, 35-39

¿Quién nos separará del amor de Cristo? ¿Acaso las pruebas, la aflicción, la persecución, el hambre, la falta de todo, los peligros o la espada? Como dice la Escritura: 'Por tu causa nos arrastran continuamente a la muerte, nos tratan como ovejas destinadas al matadero'.

Pero no; en todo eso saldremos triunfadores gracias a Aquél que nos amó. Yo sé que ni la muerte ni la vida, ni los ángeles ni las fuerzas del universo, ni el presente ni el futuro, ni las fuerzas espirituales, ya sean del cielo o de los abismos, ni ninguna otra criatura podrán apartarnos del amor de Dios, manifestado en Cristo Jesús, nuestro Señor.

Palabra de Dios. Te alabamos Señor.

5. MEDITEMOS

Las gentes de los contornos de Buga empezaron a venerar la imagen. Se le atribuían muchas intervenciones milagrosas. Pero la piedad del pueblo fue indiscreta. Raspaban la imagen para llevarse trocitos como reliquias. Y de esa forma afearon horriblemente el Crucifijo. Tanto que un visitador eclesiástico ordenó quemar esa imagen tan deteriorada, tan desfigurada. La arrojaron a las llamas. Y no se quemó: antes bien empezó a sudar y la gente empapaba algodones en el sudor. De este hecho maravilloso quedan documentos juramentados que se han conservado cuidadosamente. La imagen fue sacada de las llamas, se la arregló porque estaba desfigurada. Y esa es la que hoy veneramos en el Camarín de la Basílica de Buga. Y fue más gloriosa porque derrotó el ímpetu del fuego destructor, como Cristo fue más glorioso porque venció el poderío de la muerte. Porque como predicó san Pedro a los judíos, a este Jesús Crucificado, por la Resurrección *Dios lo hizo Señor y Cristo,* esto es, nuestro poderoso Salvador.

Pidamos la gracia que deseamos en esta novena...

Señor, haz que el fuego de tu amor y la gracia de tu sanación iluminen mi oscuridad y derritan el hielo del mal que aún habita en mí. Renueva completamente mi capacidad de amar. Que a partir de ahora, pueda amar yo a los hombres con todo mi corazón, incluso a aquellos que me han lastimado. Muy a menudo he sido incapaz de perdonar las injurias de los demás. Perdona Señor, las veces que me he agobiado a mí mismo y a otros también, con la envidia y los celos. ¡Cúrame de la ausencia de Dios en mis pensamientos, palabras y obras!

María, tú eres la Madre del Perpetuo Socorro. Después de haberme encontrado con tu Hijo, deseo caminar junto a ti el resto de mi vida. Con tu oración, alcánzame la gracia de vivir siempre en la luz y transmitirla a otros. Gracias por la ayuda que me has ofrecido y por la confianza que has puesto en mí, al enviarme a dar testimonio de tu Hijo a los demás.

6. SALMO 91

LA DICHA DE CONFIAR EN DIOS

Tú que habitas al amparo del Altísimo,
que vives a la sombra del Omnipotente,
di al Señor: 'Refugio mío, alcázar mío,
Dios mío, confío en ti'.

Él te librará de la red del cazador
y de la peste funesta.
Te cubrirá con sus plumas,
bajo sus alas te refugiarás,
su brazo es escudo y armadura.
No temerás el espanto nocturno,
ni la flecha que vuela de día,
ni la peste que se desliza en las tinieblas,
ni la epidemia que devasta a mediodía.

Caerán a tu izquierda mil
y diez mil a tu derecha:
a ti no te alcanzará y serás salvo.

Nada más mirar con tus ojos,
verás la paga de los malvados,
porque hiciste del Señor tu refugio,
tomaste al Altísimo por defensa.

No se te acercará la desgracia,
ni la plaga llegará a tu tienda,
porque a sus ángeles ha dado órdenes
para que te guarden en tus caminos:
te llevarán en sus palmas,
para que tu pie no tropiece en la piedra;
caminarás sobre áspides y víboras,
pisotearás leones y dragones.

'Se puso junto a mí, lo libraré;
lo protegeré porque conoce mi nombre,
me invocará y lo escucharé.
Con él estaré en la tribulación,
lo defenderé, lo glorificaré;
lo saciaré de largos días,
y le haré ver mi salvación'.

Gloria al Padre y al Hijo y al Espíritu Santo...

CONTINÚA CON LA ORACIÓN DE HOMENAJE, LOS GOZOS, LA ORACIÓN FINAL Y LA BENDICIÓN, EN LA PÁGINA 15.

DÍA SÉPTIMO

La fe reconoce a Cristo resucitado.

1, 2, 3 en la página 12 y siguientes...

4.   DE SAN PABLO A LOS GÁLATAS 6, 1-7

*Si alguien cae en alguna falta, ustedes, los más cons-
cientes, corríjanlo con espíritu de bondad. Piensa en tí
mismo, porque tú también puedes ser tentado. Lleven
las cargas unos de otros, y así cumplirán la ley de Cristo. Si alguno se cree algo, cuando no es nada, se enga-
ña a sí mismo. Que cada uno examine sus propias obras
y, si siente algún orgullo por ellas, que lo guarde para sí
y no lo haga pesar sobre los demás. Para esto sí, que
cada uno cargue con lo suyo.*

*El que se hace instruir, debe retribuir al que lo instruye
con cualquier cosa que tenga. No se engañen, nadie se
burla de Dios: al final cada uno cosechará lo que ha
sembrado.*
Palabra de Dios. Te alabamos Señor.

5.   MEDITEMOS

La imagen venció las llamas. El Señor Jesús venció la
muerte. Cuando el peregrino se postra en Buga ante el
Cristo Milagroso, los ojos ven un Crucifijo, pero la fe

percibe más allá la presencia de Cristo Resucitado, el que venció la muerte, y por eso sigue venciendo en nosotros toda clase de mal, el pecado, la enfermedad, las angustias, el miedo. A través de la imagen, la fe se encuentra con el Cristo vivo de la Resurrección. Y hay más, con estos hechos el Señor nos invita a tomar una actitud de sana lucha contra el mal. No basta decir que se haga la voluntad de Dios, cuando nos persigue el infortunio. Levantamos los ojos al cielo, oramos y comprendemos que también es voluntad de Dios que nos sirvamos de nuestra cabeza, de nuestro corazón, de nuestros brazos para superar las dificultades y para ayudar a otros a superarlas.

La imagen venció las llamas. Cristo venció la muerte. El cristiano tiene que luchar contra el mal en sí mismo y tender la mano a los otros para que venzan también en mal. Lo aconseja san Pablo: *lleven las cargas unos de otros y así cumplirán la ley de Cristo* (Gálatas 6,2).

Pidamos la gracia que deseamos en esta novena...

Jesús, Tú abriste un nuevo camino de salvación, cuando te abstuviste de responder a las injurias; cuando no buscaste vengarte de lo que hicieron contigo. Tus sufrimientos nos redimieron a nosotros los seres humanos, porque Tú amaste en el sufrimiento y sufriste en el amor.

Perdóname Jesús, porque con mi comportamiento he clavado a otros en la cruz del oprobio; porque con mi ira he provocado en otros el temor y la ansiedad; porque con mi rencor he cerrado la puerta de mi corazón, impidiendo a otros la entrada. ¡Redímeme, Señor, de mis deseos injustos y de los hábitos perniciosos que me crucifican!

¡Oh Jesús, redime a los pobres que han sido clavados a la cruz de la indigencia, a causa de la explotación y el indigno comportamiento de los poderosos! Redime a todos los hijos que son crucificados por el comportamiento de sus padres. Redime, Jesús, cualquier crucifixión y tensión que exista entre los gobiernos y los pueblos.

¡Ayúdanos, en cambio, a crucificar toda pasión, toda ira, toda soberbia, para que en su lugar puedan nacer la paz y el amor, la reconciliación y la comprensión!

María, Madre del Perpetuo Socorro, en tu corazón resonó el eco de cada uno de los golpes del martillo que hundió los clavos en las manos y en los pies de Jesús. Lo soportaste y no te derrumbaste. ¡Gracias por amarme y porque deseas conducirme a la salvación! ¡Madre, ayúdame a destruir todo aquello que me crucifica interiormente y con lo que crucifico a los demás, para que de ahora en adelante sea yo crucificado sólo por el amor a los demás!

6.   SALMO 121

EL SEÑOR ES TU PROTECTOR

Levanto mis ojos a los montes:
¿de dónde me vendrá el auxilio?
El auxilio me viene del Señor,
que hizo el cielo y la tierra.

No permitirá que resbale tu pie,
tu guardián no duerme;
no duerme ni reposa
el guardián de Israel.

El Señor te guarda a su sombra,
está a tu derecha;
de día el sol no te hará daño,
ni la luna de noche.

El Señor te guarda de todo mal,
él guarda tu alma;
el Señor guarda tus entradas y salidas,
ahora y siempre.

Gloria al Padre y al Hijo y al Espíritu Santo...

CONTINÚA CON LA ORACIÓN DE HOMENAJE, LOS GOZOS, LA ORACIÓN FINAL Y LA BENDICIÓN, EN LA PÁGINA 15.

DÍA OCTAVO

Vayan por todo el mundo y hagan que
todos los pueblos sean mis discípulos...
(Mt. 28, 19)

1, 2, 3 en la página 12 y siguientes...

4. DE LA SEGUNDA CARTA DE SAN PABLO A TIMOTEO 1, 9-14

Él nos ha salvado y nos ha llamado para una vocación santa, no como premio a nuestros méritos, sino gratuitamente y por iniciativa propia. Esta llamada, que nos concedió en Cristo Jesús desde la eternidad, acaba de manifestarse ahora con la aparición de Cristo Jesús, nuestro Salvador, que ha destruído la muerte y ha hecho resplandecer en su Evangelio la vida y la inmortalidad.

Este es el mensaje para el que fui hecho predicador, apóstol y maestro, y por el que ahora padezco esta nueva prueba. Pero no me avergüenzo, porque sé en quien he puesto mi confianza y estoy convencido de que tiene poder para guardarme hasta aquel día lo que deposité en sus manos.

Toma como norma la sana doctrina que has oído de mí sobre la fe y el amor según Cristo Jesús. Conserva el precioso depósito con la ayuda del Espíritu Santo que habita en nosotros.

Palabra de Dios. Te alabamos Señor.

5. MEDITEMOS

Cuando los vecinos de Buga quisieron construir una Ermita en el lugar donde la imagen había sido encontrada tropezaron con muchas dificultades. Y cuentan que un día cambió de cauce el río, desviándose hacia el lugar por donde hoy corren las aguas. Entonces se construyó la Ermita donde se veneró el Señor de los Milagros, hasta que, a comienzos del siglo XX, surgió la monumental Basílica.

El río cambió de cauce. Así el Señor nos exhorta a cambiar de ruta, a enderezar nuestros caminos, a buscar cada día mejores rumbos de vida más cristiana, más entregada al servicio de los otros. El Señor recibe nuestras oraciones y bendice nuestros esfuerzos de cambio a fin de que este mundo sea más humano, más digno de ser habitado por hijos de Dios que se hermanan en el mutuo amor. Así empezó Jesús su predicación del Evangelio, cuando decía: *Cambien de actitud, y crean en el mensaje de salvación* (Marcos 1,14)

Pidamos la gracia que deseamos en esta novena...

Señor, perdona a todos aquellos que están estancados, que no intentan cambiar y persisten en sus traiciones. Te doy gracias, Jesús, porque Tú perdonaste a los que te traicionaron, a los que te negaron. Perdóname también a mí, Señor. Perdónanos todos los besos con los que te hemos traicionado, por cada una de las palabras que hemos pronunciado con mentira.

Señor, aquí estoy frente a Ti. Sé que no me condenas, ni buscas encontrar mi culpa, sino que quieres limpiarme de ella. Gracias, Señor. ¡Lamento en este momento las veces que he condenado a otros, las veces que he hablado mal de mi prójimo; las veces que he permanecido callado ante las injusticias y el daño cometido contra otros!

María, Madre del Perpetuo Socorro, tú escuchaste la condenación a muerte que fue dictada contra Jesús. Y sin embargo, tú no condenaste a nadie. ¡Quédate junto a mí y junto a todos tus hijos e hijas que meditan con esta novena!

6. SALMO 103

HIMNO A LA MISERICORDIA PATERNAL DE DIOS

Bendice, alma mía, al Señor,
y todo mi ser a su santo nombre.
Bendice, alma mía, al Señor,
y no olvides sus beneficios.

Él perdona todas tus culpas
y cura todas tus enfermedades;
él rescata tu vida de la fosa

y te colma de gracia y de ternura;
él sacia de bienes tus anhelos,
y como un águila se renueva tu juventud.

El Señor hace justicia
y defiende a todos los oprimidos;
enseñó sus caminos a Moisés
y sus hazañas a los hijos de Israel.

El Señor es compasivo y misericordioso,
lento a la ira y rico en clemencia;
no está siempre acusando,
ni guarda rencor perpetuo.

No nos trata como merecen nuestros pecados,
ni nos castiga según nuestras culpas;
como se levanta el cielo sobre la tierra,
se levanta su bondad sobre sus fieles;
como está distante el Oriente del Occidente,
así aleja de nosotros nuestros delitos;
como un padre siente ternura por sus hijos,
siente el Señor ternura por sus fieles;
porque él conoce de qué fuimos hechos,
se acuerda de que somos barro.

Gloria al Padre y al Hijo y al Espíritu Santo...

CONTINÚA CON LA ORACIÓN DE HOMENAJE, LOS GOZOS, LA ORACIÓN FINAL Y LA BENDICIÓN, EN LA PÁGINA 15.

DÍA NOVENO

Antes de que ustedes pidan,
su padre ya sabe lo que necesitan.
(Mt. 6,8)

1, 2, 3 en la página 12 y siguientes...

4. DEL EVANGELIO DE SAN JUAN 15, 1-7

'Yo soy la vid verdadera y mi Padre es el labrador. Toda rama que no da fruto en mí, la corta. Y toda rama que da fruto la limpia para que dé más fruto.

Ustedes ya están limpios gracias a la Palabra que les he anunciado, pero permanezcan en mí como yo permanezco en ustedes. Una rama no puede producir fruto por sí misma si no permanece unida a la vid; tampoco ustedes pueden producir fruto si no permanecen en mí.

Yo soy la vid y ustedes las ramas. El que permanece en mí y yo en él, ése da mucho fruto. Sin mí no pueden hacer nada. Al que no permanece en mí lo tiran y se seca; como a las ramas, que las amontonan, se echan al fuego y se queman.

Mientras ustedes permanezcan en mí y mis palabras permanezcan en ustedes, pidan lo que quieran y lo conseguirán.
Palabra del Señor. Gloria a ti, Señor Jesús.

5.   MEDITEMOS

Hacia el Santuario afluyen multitudes. Acuden de todos los rincones de Colombia y del extranjero. Al Señor de los Milagros se le agradecen incontables beneficios. Recibir una gracia del Señor es sentirse obligado a hacer el bien a los demás, principiando por los más cercanos y recordando especialmente a los más necesitados. «Cumplir una promesa» no es tan sólo visitar la Basílica, depositar una limosna y rezar alguna devoción. Es esto y mucho más. Es sentirse invitado a ser más cristiano y a formar comunidad, a ser más hermano de los otros. A los pies del Señor de los Milagros nos unen las penas, la confianza, la oración. Que también nos una la amistad y el deseo de ayudarnos como hermanos. Por eso somos Iglesia, pueblo de Dios.

La devoción al Señor de los Milagros no puede olvidar el gesto de la indiecita que originó este culto. Al honrar al Señor Crucificado tendremos que honrar a quienes siguen sufriendo dolores de crucifixión. Así lo proclamó Jesús: *Les doy este mandamiento nuevo, que se amen los unos a los otros* (Juan 13, 24).

Pidamos la gracia que deseamos en esta novena...

Padre, tú me creaste de tal manera que fuera capaz, por medio de mi amor a Ti y a mi prójimo, de alcanzar la felicidad aquí en la tierra y después contigo en el cielo.

Renuncio a cualquier antipatía y rencor, a cualquier odio, a todo mal modo, a toda blasfemia mía o de otros y me decido por el amor. Al terminar esta novena envía tu Espíritu sobre mí, para que pueda amarte con todo el corazón. Dame mucho amor, para que pueda amarte en toda persona y en toda criatura. Te doy gracias porque tu Hijo Jesucristo entregó su vida por mi amor y así lo contemplo en esta imagen sagrada del Señor de los Milagros de Buga.

Madre de nuestras familias, gracias por haber vivido en la unidad de la Sagrada Familia y por enseñarnos que es posible vivir unidos y con amor. Intercede por nosotros y ruega a Dios por nuestras familias. Gracias por ser nuestra Madre.

6. SALMO 8

LA GLORIA DE DIOS
Y LA DIGNIDAD DEL SER HUMANO

¡Señor, dueño nuestro,
qué admirable es tu nombre en toda la tierra!
¡Tu gloria se extiende más allá del cielo!

Ensalzaste tu majestad sobre los cielos.
De la boca de los niños de pecho
has sacado una alabanza contra tus enemigos,
para reprimir al adversario y al rebelde.

Cuando contemplo el cielo, obra de tus manos,
la luna y las estrellas que has creado,
¿qué es el hombre para que te acuerdes de él,
el ser humano, para darle poder?

Lo hiciste poco inferior a los ángeles,
lo coronaste de gloria y dignidad;
le diste el mando sobre las obras de tus manos,
todo lo sometiste bajo tus pies:

rebaños de ovejas y toros,
y hasta las bestias del campo,
las aves del cielo, los peces del mar,
que trazan sendas por las aguas.
¡Señor, dueño nuestro,
qué admirable es tu nombre
en toda la tierra!

Gloria al Padre y al Hijo y al Espíritu Santo...

CONTINÚA CON LA ORACIÓN DE HOMENAJE, LOS GOZOS, LA ORACIÓN FINAL Y LA BENDICIÓN, EN LA PÁGINA 15.

Oración para el día 14
de cada mes en honor
al Señor de los Milagros de Buga

Enero

JESÚS ES EL CRISTO

1. SALUDO

En el nombre del Padre, del Hijo y del Espíritu Santo. A Jesús de Nazaret, el hombre que Dios acreditó con signos y prodigios, pero que ustedes crucificaron, Dios lo constituyó Señor y Mesías. A él la gloria por los siglos. Que su amor, su amistad y solidaridad esté con nosotros. Amén.

2. SALMO 67

PARA PEDIR LA BENDICIÓN DE DIOS

El Señor tenga piedad y nos bendiga,
ilumine tu rostro sobre nosotros:
conozca la tierra tus caminos,
todos los pueblos tu salvación.

Oh Dios, que te alaben los pueblos,
que todos los pueblos te alaben.

Que canten de alegría las naciones,
porque riges el mundo con justicia,
riges los pueblos con rectitud
y gobiernas las naciones de la tierra.

Oh Dios, que te alaben los pueblos,
que todos los pueblos te alaben.

La tierra ha dado su fruto,
nos bendice el Señor nuestro Dios.
Que Dios nos bendiga; que le teman
hasta los confines del orbe.

Gloria al Padre y al Hijo y al Espíritu Santo.
Como era el principio ahora y siempre
por los siglos de los siglos. Amén.

3. ORACIÓN DE SÚPLICA

Señor mío Jesucristo crucificado, Hijo de la bienaventurada Virgen:

- abre tus oídos y escúchame, como escuchaste siempre la voz de tu Eterno Padre;

- abre tus ojos y mírame, como miraste desde la cruz a tu dolorosa Madre;

- abre tus labios y háblame, como hablaste a tu discípulo para llamarlo hijo de María;

- abre tus brazos y abrázame, como los abriste en la cruz para abrazar al género humano;

- abre tu corazón y lléname de tus gracias, como derramaste sangre y agua de tu costado abierto. Amén.

4. ACLAMACIONES

Jesús, Tú eres la luz.
Jesús, Tú eres la vida.
Jesús, Tú eres el Hijo de Dios vivo.
Jesús, Tú eres el testigo fiel de Dios en el mundo.
Jesús, Tú eres nuestro camino.
Jesús, Tú eres la Palabra verdadera.
Jesús, Tú eres el Hijo de María.
Jesús, Tú eres el vencedor del mal y de la muerte.
Jesús, Tú eres nuestro amigo.
Jesús, Tú eres Dios con nosotros.
Jesús, Tú eres el Rey de Reyes.
Jesús, Tú eres el Señor de Señores.
Jesús, Tú eres el Mesías.
Jesús, Tú eres el Buen Pastor.
Jesús, Tú eres el principio y el fin.

5. DEL EVANGELIO SEGÚN SAN MARCOS 8, 27-31

Salió Jesús con sus discípulos hacia los pueblos de Cesarea de Filipo y por el camino les preguntó: «Quién dice la gente que soy yo?» Ellos contestaron: «Algunos dicen que eres Juan Bautista, otros que Elías o alguno de los profetas».

Entonces Jesús les preguntó: «Y ustedes, ¿quién dicen que soy yo?» Pedro le contestó: «Tú eres el Mesías». Pero Jesús les dijo con firmeza que no lo dijeran a nadie. Luego comenzó a enseñarles que el Hijo del Hombre debía sufrir mucho y ser rechazado por los notables, los jefes de los sacerdotes y los maestros de la Ley, que sería condenado a muerte y resucitaría a los tres días. **Palabra del Señor. Gloria a Ti, Señor Jesús.**

6. MEDITEMOS

¿Quién es Jesús de Nazaret? Este interrogante sigue abierto hoy como ayer, esperando la respuesta de cada uno de nosotros. Es la pregunta central de la religión cristiana, pues contiene el fundamento de nuestra fe y la razón de nuestra vida y conducta. ¿En quién creemos? Pregunta que hemos de responder personalmente con absoluta sinceridad.

Es muy importante no solamente mirar el credo para saber quién es Jesucristo, en su persona, en su doctrina, en su obra o en su misión. Nuestra respuesta tiene que ser comprometida, desde nuestra vivencia personal. La imagen de Cristo que reflejamos los cristianos es decisiva para que el mundo crea en él, al ver nuestra vida iluminada por su persona y orientada al amor servicial, a la comprensión y solidaridad con los hermanos, especialmente los más desfavorecidos.

Necesitamos conocer a fondo a Jesús y amarlo con pasión, sabiendo cada vez más de su persona, meditando su evangelio y hablando con él de tú a tú en la oración. Cristo vive hoy como ayer, porque es una persona viva y del presente. Pues bien, solamente desde el amor y la amistad se llega a conocer en profundidad a las personas.

A Cristo le dirigimos la profesión de fe de Pedro: «Tú eres el Cristo, el Hijo del Dios viviente».

Como Pedro le decimos también: ¿Señor, ¿a quién iremos? Sólo tu tienes palabras de vida eterna». Hacemos nuestro el grito de arrepentimiento y de confesión sincera de Pedro. «Señor, Tú lo sabes todo. Tú sabes que te amamos».

Señor te creemos resucitado y vivo hoy como ayer, y estamos seguros: vives en nosotros por tu Espíritu. Concédenos conocerte a fondo por la fe y la amistad; y haz que, queriendo a los hermanos nos entreguemos a la fascinante tarea de amarte apasionadamente.

Jesús, crucificado y resucitado, ¡quédate con nosotros! Quédate con nosotros, amigo fiel y apoyo seguro de la humanidad en camino por las sendas del tiempo. Tú, Palabra viviente del Padre, infundes confianza y esperanza a cuantos buscan el sentido verdadero de tu existencia. Tú, Pan de vida eterna, alimentas al hombre hambriento de verdad, de libertad, de justicia y de paz.

Quédate con nosotros, Palabra viviente del Padre, y enséñanos palabras y gestos de paz: paz para la tierra consagrada por tu sangre y empapada con la sangre de tantas víctimas inocentes; paz para toda la humanidad, sobre la cual se cierne siempre el peligro de guerras fratricidas.

Quédate con nosotros, Pan de vida eterna, partido y distribuido a los comensales: danos también a nosotros la fuerza de una solidaridad generosa con las multitudes que, aún hoy, sufren y mueren de miseria y de hambre, diezmadas por epidemias mortíferas o arruinadas por enormes catástrofes naturales. Por la fuerza de tu resurrección, que ellas participen igualmente de una vida nueva.

Haz que el progreso material de los pueblos nunca oscurezca los valores espirituales que son el alma de la civilización. Quédate con nosotros, Señor.

(Juan Pablo II, marzo 26 de 2005)

7. BENDICIÓN

PADRENUESTRO QUE ESTÁS EN LOS CIELOS...

DIOS TE SALVE, MARÍA, LLENA ERES DE GRACIA...

GLORIA AL PADRE Y AL HIJO Y AL ESPÍRITU...

Que la gracia y la bendición del Señor de los Milagros esté con cada uno de nosotros. La paz de su semblante nos tranquilice. Los méritos de su cruz nos defiendan.

El amor de su corazón nos inflame. Los sufrimientos de su Pasión nos consuelen. El resplandor de sus llagas iluminen cada una de nuestras palabras y acciones. Y sus brazos amorosos nos acojan algún día en la gloria eterna del cielo.

Y la bendición de Dios todopoderoso: Padre, Hijo y Espíritu Santo, descienda sobre nosotros y permanezca para siempre. Amén.

Febrero

JESÚS Y LOS MILAGROS

1,2,3,4 en la página 77.

5. DEL EVANGELIO SEGÚN SAN MARCOS 1, 32-42

Antes del atardecer, cuando se ponía el sol, empezaron a traer a Jesús todos los enfermos y personas poseídas por espíritus malos. Jesús sanó a muchos enfermos con dolencias de toda clase y expulsó muchos demonios; pero no los dejaba hablar, pues sabían quién era.

De madrugada, cuando todavía estaba muy oscuro, Jesús se levantó, salió y se fue a un lugar solitario. Allí se puso a orar. Simón y sus compañeros fueron a buscarlo, y cuando lo encontraron le dijeron: «Todos te están buscando». Él les contestó: «Vámonos a los pueblos vecinos, para predicar también allí, pues para esto he venido». Predicaba y expulsaba los demonios.

Se le acercó un leproso, que se arrodilló ante él y le suplicó: «Si quieres puedes limpiarme». Sintiendo compasión, Jesús extendió la mano y lo tocó diciendo: «Quiero, queda limpio». Al instante se le quitó la lepra y quedó sano.
Palabra del Señor. Gloria a Ti, Señor Jesús.

6. MEDITEMOS

Nos sorprende al abrir los Evangelios, la cantidad de milagros atribuidos a Jesús. Se nos relatan milagros de toda clase, desde la multiplicación del pan hasta la resurrección de muertos. También sorprende la reacción de los contemporáneos de Jesús ante los milagros. La gente sencilla en su asombro exclama: «Nunca hemos visto cosa igual». Sus enemigos lo acusan en ocasiones de magia y de obrar milagros «por el poder del jefe de los demonios».

De lo que no cabe duda es de que Jesús realizó hechos extraordinarios que impactaron a todos. Jesús es el hombre que «Dios acreditó, realizando por su medio milagros, signos y prodigios».

«Cristo, nuestro único Mediador,
te necesitamos
para entrar en comunión con Dios Padre,
para llegar a ser contigo,
que eres su Hijo único y Señor nuestro,

sus hijos adoptivos,
para ser regenerados en el Espíritu Santo.
Te necesitamos,
oh Redentor nuestro,
para descubrir nuestra miseria moral
y para sanarla;
para tener el concepto del bien y del mal
y la esperanza de la santidad;
para llorar nuestros pecados
y alcanzar su perdón.

Te necesitamos,
oh gran paciente de nuestros dolores,
para conocer el sentido de nuestro sufrimiento
y para darle
un valor de expiación y de redención.

Te necesitamos,
oh Cristo, oh Señor, oh Dios con nosotros,
para aprender el amor verdadero
y para andar alegremente,
con la fuerza de tu caridad,
nuestro fatigoso camino».
(Juan Bautista Montini, Milán, 1955).

7. BENDICIÓN en la página 83.

Marzo

JESÚS EL CARPINTERO

1,2,3,4, en la página 77.

5. DEL EVANGELIO SEGÚN SAN MARCOS 6, 1-6

Al irse Jesús de allí, volvió a su tierra, y sus discípulos se fueron con él. Cuando llegó el sábado, se puso a enseñar en la sinagoga y mucha gente lo escuchaba con estupor. Se preguntaban: «¿De donde le viene todo esto? ¿Y qué pensar de la sabiduría que ha recibido, con esos milagros que salen de sus manos? Pero no es más que el carpintero, el hijo de María; es un hermano de Santiago, de José, de Judas y de Simón. ¿Y sus hermanas no están aquí entre nosotros?» Se escandalizaban y no lo reconocían.

Jesús les dijo: «Si hay un lugar donde un profeta es despreciado, es en su tierra, entre sus parientes y en su propia familia». Y no pudo hacer allí ningún milagro. Tan sólo sanó allí a unos pocos enfermos imponiéndoles

las manos. Jesús se admiraba de cómo se negaban a creer.
Palabra del Señor. Gloria a Ti, Señor Jesús.

6. MEDITEMOS

Jesús tiene un trabajo y una profesión concreta, es artesano. Su vida transcurre entre los vecinos del pueblo, en el seno de una familia humilde.

Dice la Iglesia en el Concilo Vaticano II: «Trabajó con manos de hombre, pensó con inteligencia de hombre, obró con voluntad de hombre, amó con corazón de hombre» (GS 22).

Jesús reserva la primicia de la Buena Noticia para las gentes que ganan el pan con el sudor de su frente. En el trabajo el hombre ejercita su capacidad creadora, adquiere mayor perfección personal; consigue los bienes que necesita para vivir; colabora al bienestar de los demás.

Que el trabajo no sea motivo de ninguna esclavitud. Que nos ayude a conseguir nuestra plenitud como seres humanos y como cristianos. A ejemplo de Jesús que trabajó con sus propias manos en Nazaret, desarrollemos con responsabilidad nuestra tarea y profesión.

Te alabamos a Ti, Señor Jesús,
que viviste en un pueblo pequeño
y te hiciste amigo de los humildes y los pobres.

Te ganaste el pan con el sudor de la frente;
y no te avergonzaste de tener callos en las manos.
Te pedimos, que cuando todos vuelvan la espalda,
a lo discreto y difícil,
Tú no te olvides de los hombres y mujeres
que se ganan el sustento trabajando de sol a sol;
de los ancianos
que han dejado lo mejor de sus vidas en su trabajo
para dar de comer a sus hijos,
de los jóvenes que se capacitan
para entrar en el mundo del trabajo.
Danos fuerzas para no desfallecer
en nuestra lucha en favor de los necesitados.

7. BENDICIÓN en la página 83.

Abril

EL ITINERARIO DE JESÚS

1,2,3,4, en la página 77.

5. DEL EVANGELIO SEGÚN SAN MARCOS 10, 32-35

Continuaron el camino subiendo a Jerusalén, y Jesús marchaba delante de ellos. Los discípulos estaban desconcertados, y los demás que lo seguían tenían miedo. Otra vez Jesús reunió a los doce para decirles lo que le iba a pasar: «Estamos subiendo a Jerusalén y el Hijo del Hombre va a ser entregado a los jefes de los sacerdotes y a los maestros de la Ley; lo condenarán a muerte y lo entregarán a los extranjeros, que se burlarán de él, lo escupirán, lo azotarán y lo matarán. Pero tres días después resucitará».

Palabra del Señor. Gloria a Ti, Señor Jesús.

6. MEDITEMOS

Al final de su vida los discípulos aún no habían comprendido el itinerario de Jesús. Les dice con toda claridad, que no existe otro camino para llegar hasta el Padre, que el diseñado y recorrido por él.

La trayectoria personal de Jesús, su estilo de vida, sus opciones y actuaciones, su enseñanza, se han erigido en itinerario obligado para todo ser humano que quiera llegar hasta las profundidades de Dios. En el itinerario de Jesús, Dios ha revelado la nueva forma de ser y vivir como seres humanos, sin trucos, con toda verdad y autenticidad. Jesús es el camino del ser humano, el camino para vivir y realizarse como hijo de Dios. El que no lo ha descubierto o no lo entiende así, corre el riesgo de errar el verdadero sentido de su ser y estar en el mundo.

La invitación de Jesús sigue viva y actual: Ven y sígueme. Hagamos con él nuestro camino al encuentro con Dios, muy cerca siempre de los demás.

Jesús, principio y perfección del hombre nuevo, convierte nuestros corazones a ti, para que, abandonando las sendas del error, caminemos tras tus huellas por el sendero que conduce a la vida. Haz que, fieles a las promesa del Bautismo, vivamos con coherencia nuestra fe, dando testimonio constante de tu Palabra, para que en la familia y en la sociedad resplandezca la luz vivificante del Evangelio.

Jesús, fuerza y sabiduría de Dios, enciende en nosotros el amor a la Divina Escritura, donde resuena la voz del Padre, que ilumina e inflama, alimenta y consuela. Tú, Palabra del Dios vivo, renueva en la Iglesia el ardor misionero, para que todos los pueblos lleguen a conocerte, verdadero Hijo de Dios y verdadero Hijo del hombre, único Mediador entre el hombre y Dios.

Jesús, fuente de unidad y de paz, fortalece la comunión en tu Iglesia, para que con la fuerza de tu Espíritu, todos tus discípulos sean uno. Tú que nos has dado como norma de vida el mandamiento nuevo del amor, haznos constructores de un mundo solidario, donde la guerra sea vencida por la paz, la cultura de la muerte por el compromiso en favor de la vida.
(Juan Pablo II, 1997).

7. BENDICIÓN en la página 83.

Mayo

EL HIJO DE MARÍA

1,2,3,4, en la página 77.

5. DEL EVANGELIO SEGÚN SAN MATEO 1, 18-23

Este fue el nacimiento de Jesucristo: María, su madre estaba comprometida con José; pero antes de que vivieran juntos, quedó embarazada por obra del Espíritu Santo. Su esposo José, pensó despedirla, pero como era un hombre bueno, quiso actuar discretamente para no difamarla. Mientras lo estaba pensando, el Ángel del Señor se le apareció en sueños y le dijo: «José, descendiente de David, no tengas miedo de llevarte a María, tu esposa, a tu casa; si bien está esperando por obra del Espíritu Santo, tú eres el que pondrás el nombre al Hijo que dará a luz. Y lo llamarás Jesús, porque él salvará a su pueblo de sus pecados».

Todo esto sucedió para que se cumpliera lo que había dicho el Señor por boca del profeta: 'La Virgen conce-

birá y dará a luz un Hijo, y le pondrán por nombre Emmanuel, que significa: Dios-con-nosotros'.
Palabra del Señor. Gloria a Ti, Señor Jesús.

6. MEDITEMOS

Los evangelios hablan con toda naturalidad de Jesús como 'Hijo de María'. Las gentes de Nazaret, donde vive su familia, sorprendidas por la actuación mesiánica de Jesús, se preguntan con toda normalidad: «¿No es éste el Hijo de María?». (Marcos 6, 3).

La proclamación de Jesús como Hijo de Dios presente en la historia de la humanidad tiene que ver con María. La radicalidad del don que Dios nos hace en su Hijo, no se puede separar de la persona que él ha elegido para realizar su designio. Esta elección por parte de Dios hace de María 'la favorecida del Señor'. (Lucas 1, 28).

Jesús es concebido y nace de María. Este es un hecho que pertenece a la fe de la Iglesia y también a la historia de la humanidad. Al llegar la plenitud de los tiempos mesiánicos, Dios envía a su Hijo que nace de una mujer. Jesús es el Hijo verdadero de una madre verdadera, que es María.

Lo que las primeras generaciones cristianas quieren celebrar de María es su total apertura a Dios y su plena disponibilidad a la realización de sus designios.

Con María alabemos al Señor que se fijó en la humillación de su esclava y por obra del Espíritu Santo la hizo
madre de Jesús.

Proclama mi alma la grandeza del Señor,
se alegra mi espíritu en Dios mi salvador;
porque ha mirado la humillación de su esclava.
Bendita tú entre las mujeres y
bendito el fruto de tu vientre.

Desde ahora me felicitarán todas las generaciones,
porque el Poderoso ha hecho obras grandes por mí:
su nombre es santo
y su misericordia llega a su fieles
de generación en generación.
Bendita tú entre las mujeres y
bendito el fruto de tu vientre.

Él hace proezas con su brazo:
dispersa a los soberbios de corazón,
derriba del trono a los poderosos
y enaltece a los humildes,
a los hambrientos los colma de bienes
y a los ricos los despide vacíos.
Bendita tú entre las mujeres y
bendito el fruto de tu vientre.

Auxilia a Israel, su siervo,
acordándose de su misericordia

-como lo había prometido a nuestros padres-
en favor de Abrahán y su descendencia para siempre.
Bendita tú entre las mujeres y
bendito el fruto de tu vientre.

7. BENDICIÓN de la página 83.

Junio

JESÚS, EL HIJO PREDILECTO DEL PADRE

1,2,3,4, en la página 77.

5. DEL EVANGELIO SEGÚN SAN JUAN 17, 1-5

Jesús elevó los ojos al cielo y exclamó: «Padre, ha llegado la hora; ¡glorifica a tu Hijo para que tu Hijo te dé gloria a ti! Tú le diste poder sobre todos los mortales y quieres que comunique la vida eterna a todos aquellos que le encomendaste. Y ésta es la vida eterna: conocerte a ti, único Dios verdadero, y al que tú has enviado, Jesús, el Cristo.

Yo te he glorificado en la tierra y he terminado la obra que me habías encomendado. Ahora, Padre, dame junto a ti la misma gloria que tenía a tu lado antes que comenzara el mundo.
Palabra del Señor. Gloria a Ti, Señor Jesús.

6. MEDITEMOS

Jesús acercó a Dios hasta nosotros y nos concedió el poder de ser hijos de Dios mediante el nuevo nacimiento por el agua y el Espíritu. La realidad de hijos de Dios la compartimos con Jesús todos los bautizados. Jesús introduce en la esfera de la filiación a cuantos lo acogen y creen en él. En Jesús se inaugura la nueva humanidad, en la que los hombres se llaman y son de verdad 'hijos de Dios'.

La confesión de fe: "Jesús es el Hijo de Dios", no es una fórmula. Ahí radica nuestra condición de hijos de Dios y la verdadera raíz de la fraternidad entre los hombres. Hijos en el Hijo y hermanos en el Hermano. La confesión de la filiación de Jesús, a la que va unida la nuestra, exige una relación familiar, entrañable con el Padre.

Señor Jesús, queremos proclamar muy alto,
que Dios es tu Padre y nuestro Padre.
Tú eres el primero que tuvo la valentía de decirle: ¡Papá!
Por ti tuvimos la noticia
de que Dios es también Padre para todos,
y nadie debe tener miedo de llamarlo Papá.
Tú nos enseñaste a decirle:
Padre nuestro del cielo,
que estás también en nuestra tierra:
que todos conozcan tu verdadero rostro
lleno de ternura.

Que venga pronto tu reinado.
Son muchos los que con impaciencia lo esperan;
somos más los que de verdad lo necesitamos.
Que se haga tu voluntad aquí en nuestra tierra,
aunque a veces tendrá que ser contra la nuestra.
Danos el pan necesario y trabajo para ganarlo;
son muchos los que lo piden;
qué pocos los que reparten el que Tú nos has regalado.
Perdónanos, para que aprendamos a perdonar.

No nos dejes expuestos a la tentación
de negarte, de traicionarte o herirte en el hermano.
Líbranos del tentador: el poder, el dinero fácil, el sexo,
el consumo, el alcohol, la droga.
Líbranos de hacer el mal.
Señor Jesús, que todos digamos a coro contigo,
cada mañana y cada atardecer: ¡PADRE NUESTRO!

7. BENDICIÓN en la página 83.

Julio

LA EUCARISTÍA, MEMORIAL DE JESÚS

1,2,3,4, en la página 77.

5. DEL EVANGELIO SEGÚN SAN LUCAS 22, 17-20

Jesús tomó una copa, dio gracias y les dijo: «Tomen y repartan entre ustedes, porque les aseguro que ya no volveré a beber del jugo de la uva hasta que llegue el Reino de Dios». Después tomó pan y, dando gracias, lo partió y se lo dio diciendo: «Esto es mi cuerpo, que es entregado por ustedes. Hagan esto en memoria mía». Hizo lo mismo con la copa después de cenar, diciendo: «Esta copa es la alianza nueva sellada con mi sangre, que es derramada por ustedes».
Palabra del Señor. Gloria a Ti, Señor Jesús.

6. MEDITEMOS

El Evangelio habla de comidas de Jesús en las que están presentes pecadores, descreídos, prostitutas. También habla de comidas de Jesús con los discípulos después de haber resucitado. Entre todas ocupa lugar destacado la comida celebrada la víspera de su muerte, en la que entrega su cuerpo como comida y su sangre como bebida.

Jesús ordenó repetir esta comida para recordar su entrega, para actualizarla y entrar en comunión con ella. Desde entonces la Iglesia celebra la 'Cena del Señor', como la mejor manera de mantener viva su presencia y la comunión con él.

La Eucaristía es una comida de Jesús con los pecadores. Los que nos sentamos a su mesa empezamos por confesarnos pecadores. Es una fiesta con el Resucitado.

En la Eucaristía celebramos la vida de Jesús, su pasión y su muerte, su resurrección y la esperanza firme de su venida definitiva al final de los tiempos.

Cristo, Tú eres para todos.

Para toda la humanidad.
Para todos los tiempos.
Para todas las naciones.

Tú has venido para el mundo entero.
La tierra es para Ti.
La historia es para Ti.

Esta verdad, a la que
está habituada nuestra mente,
es maravillosa, es extraordinaria,
es magníficamente moderna
y es prodigiosamente fecunda.

Manifiesta tu pensamiento misericordioso
que a nadie excluye de su proyecto
de bondad y de salvación.

En este designio de misericordia universal
te conocemos mejor aún de lo que podemos conocerte
en cualquiera de tus obras, en el mundo.

La universalidad del cristianismo
proclama las dimensiones de tu amor, oh Dios,
la anchura de tu corazón, oh Cristo.
(Pablo VI en 1960).

7. BENDICIÓN en la página 83.

Agosto

JESÚS BUEN PASTOR

1,2,3,4, en la página 77.

5. DEL EVANGELIO SEGÚN SAN JUAN 10, 7-16

Jesús, pues, tomó de nuevo la palabra: En verdad les digo que yo soy la puerta de las ovejas. Todos los que han venido hasta ahora eran ladrones y malhechores, y las ovejas no les hicieron caso. Yo soy la puerta: el que entre por mí estará a salvo; entrará y saldrá y encontrará alimento.

El ladrón sólo viene a robar, matar y destruir, mientras que yo he venido para que tengan vida y la tengan en plenitud. Yo soy el Buen Pastor. El Buen Pastor da su vida por las ovejas. No así el asalariado, que no es pastor ni las ovejas son suyas. Cuando ve venir al lobo, huye abandonando las ovejas, y el lobo las agarra y las dispersa. Al asalariado sólo le interesa su paga y no le importan nada las ovejas.

Yo soy el Buen Pastor y conozco a las mías como las mías me conocen a mí, lo mismo que el Padre me conoce a mí y yo conozco al Padre. Y yo doy mi vida por las ovejas. Tengo otras ovejas que no son de este corral. A esas también las llevaré; escucharán mi voz, y habrá un solo rebaño con un solo pastor.
Palabra del Señor. Gloria a Ti, Señor Jesús.

6. MEDITEMOS

La figura del pastor al frente del rebaño es cada vez menos familiar, sobre todo en la ciudad. En la Biblia abunda la metáfora del pastor para hablarnos de Dios, que guía a un pueblo de esclavos a la liberación; que trata a cada hombre como a un hijo y lo acoge entre sus brazos igual que el pastor a los corderos tiernos; que busca a los descarriados, cura a los enfermos, fortalece a los que desfallecen, se alegra y celebra fiesta cuando encuentra la oveja que se había perdido.

Jesús se sirve de la imagen del pastor para anunciarnos su amor, su fidelidad, su preocupación por el hombre. Frente al ladrón, al bandido, al que abusa del ser humano, Jesús es el Buen Pastor que se juega la vida por todos, no huye cuando los lobos disfrazados con piel de cordero acorralan, maltratan, explotan, engañan al ser humano.

Jesús nos invita a gozar de su amistad, a escuchar su voz, a seguirlo incondicionalmente.

Jesús, Tú vienes como Salvador,
como Redentor,
como el que paga y satisface
por toda la humanidad, por nosotros.

Jesús, Tú vienes al mundo
como víctima expiatoria,
como la síntesis entre la justicia cumplida
y la misericordia reparadora.

El Evangelio, en la voz del Precursor,
nos da la definición más exacta de Ti,
la más impresionante y la más conmovedora:
«He aquí el cordero de Dios,
el que quita el pecado del mundo».

Jesús, Tú eres la oblación voluntaria de Ti mismo,
sacerdote y víctima, que pagas por todos
la deuda, impagable para nosotros, de la justicia divina
y la transformas en trofeo de misericordia.

7. BENDICIÓN en la página 83.

Septiembre

LA BIBLIA, PALABRA DE DIOS AL MUNDO

1,2,3,4, en la página 77.

5. DEL EVANGELIO SEGÚN SAN JUAN 1, 1-5.11-14

En el principio era la Palabra, y la Palabra estaba ante Dios, y la Palabra era Dios. Ella estaba ante Dios en el principio. Por ella se hizo todo, y nada llegó a ser sin ella. Lo que fue hecho tenía vida en ella, y para los hombres la vida era la luz. La luz brilla en las tinieblas, y las tinieblas no la recibieron.

Vino a su propia casa, y los suyos no lo recibieron; pero a todos los que lo recibieron les dio capacidad para ser hijos de Dios. Al creer en su nombre han nacido, no de sangre alguna, ni por ley de la carne, ni por voluntad de hombre, sino que han nacido de Dios.

Y la Palabra se hizo carne, puso su tienda entre nosotros,
y hemos visto su gloria: la gloria que recibe del Padre el
Hijo único; en Él todo era don amoroso y verdad.
Palabra del Señor. Gloria a Ti, Señor Jesús.

6. MEDITEMOS

Dios dijo y sigue diciendo su palabra viva y salvadora al ser humano en la persona de Jesús. Él es sencillamente la Palabra de Dios. Sus palabras son Palabra de Dios. Palabra llena de poder en el milagro; Palabra llena de amor en el perdón; Palabra de cercanía para el necesitado; Palabra de solidaridad para el que sufre.

En Jesús todo es Palabra de Dios: su vida, sus gestos, su oración. En el principio, ahora y todos los días, Jesús es la Palabra de Dios.

Señor Jesús, Tú eres la Palabra de Dios a la humanidad.
Tú eres Palabra de vida;
Palabra creadora;
Palabra reveladora de la intimidad de Dios.
Ilumina las profundidades del corazón humano.
Señor, que no seamos sólo oyentes,
sino hacedores de tu Palabra.
Que la acojamos y la meditemos en el corazón.
Señor, que cumplamos en nuestras vidas
tu Palabra ahora y siempre.

Dios habló a su pueblo.
Yo soy el Señor tu Dios.
No tendrás más Dios que a mí.

*¡Dichosos los que escuchan la Palabra de Dios
y la cumplen!* (Lucas 11,28).

7. BENDICIÓN en la página 83.

Octubre

LA CONVERSIÓN: UNA EXIGENCIA

1,2,3,4, en la página 77.

5. DEL EVANGELIO SEGÚN SAN MARCOS 1, 14-20

*Después que tomaron preso a Juan, Jesús fue a Galilea
y empezó a proclamar la Buena Nueva de Dios. Decía:
«El tiempo se ha cumplido, el Reino de Dios está cerca.
Cambien sus caminos y crean en la Buena Nueva».*

*Mientras Jesús pasaba por la orilla del mar de Galilea,
vio a Simón y a su hermano Andrés que echaban las
redes en el mar, pues eran pescadores. Jesús les dijo:
«Síganme y yo los haré pescadores de hombres». Y de
inmediato dejaron sus redes y lo siguieron.*
Palabra del Señor. Gloria a Ti, Señor Jesús.

6. MEDITEMOS

Convertirse significa un cambio consciente de mentalidad; una reorientación total de la vida hacia Dios. La conversión exige un reconocimiento de la condición de pecador, con la manifestación de la propia culpabilidad a través de unos gestos concretos.

El gozo de la conversión es compartido por Dios y por la humanidad. El que experimenta la irrupción del amor y del perdón de Dios no puede tener en su rostro signos de tristeza. La actitud de tristeza puede ser signo de una conversión mal entendida o falseada. Jesús invita a celebrar la conversión con aires de fiesta.

La conversión es motivo de gozo para Dios. *Hay más alegría en el cielo por un pecador que se convierte, que por noventa y nueve justos que no necesitan conversión»* (Lucas 15, 7).

La conversión es una actitud dinámica: hay que ponerse en estado permanente de conversión. Nadie puede darse por convertido de una vez para siempre, y nadie puede pretender que su seguimiento de Jesús haya llegado a su total radicalidad.

Señor Jesús, tú anduviste por los caminos,
llamando a penitencia, ofreciendo perdón.
Buscaste con empeño al que daban por perdido:

al recaudador Zaqueo, a María la prostituta,
a la mujer adúltera y al ladrón.
Lo tuyo eran los pecadores,
aunque se irritaran los que se creían buenos.

Señor, es hora que comprendamos
que nos has perdonado mucho;
que va siendo tiempo
de que empecemos a amar de verdad.
Tú nos convocas de nuevo a la vida, al amor,
al gozo de perdonar y a la dicha de compartir.
Danos un corazón con inocencia, con simpleza,
con la ternura del Padre Dios.

Haz de nosotros seres nuevos, donde no sea posible
el odio, el resentimiento.
Hoy queremos celebrar, con todos los pecadores,
la fiesta del perdón, el gozo de la conversión.
Gracias por habernos aguardado,
por habernos perdonado,
por habernos invitado a seguirte.

Padre, lleno de amor y misericordia,
lleva a plenitud la obra que has empezado en nosotros.
Confírmanos en el seguimiento de tu Hijo, Jesucristo
nuestro Señor.

7. BENDICIÓN en la página 83.

Noviembre

AMAR ES LO PRIMERO

1,2,3,4, en la página 77.

5. DEL EVANGELIO SEGÚN SAN JUAN 13, 34-14, 4

Les doy un mandamiento nuevo: que se amen los unos a los otros. Ustedes deben amarse unos a otros como yo los he amado. En esto reconocerán todos que son mis discípulos: en que se aman unos a otros.

No se turben; crean en Dios y crean también en mí. En la casa de mi Padre hay muchas habitaciones. De no ser así, no les habría dicho que voy a prepararles un lugar. Y después de ir y prepararles un lugar, volveré para tomarlos conmigo, para que donde yo esté, estén también ustedes. Para ir a donde yo voy, ustedes ya conocen el camino.
Palabra del Señor. Gloria a Ti, Señor Jesús.

6. MEDITEMOS

Amarás a Dios, amarás al prójimo. Jesús nos dice que estas dos exigencias del amor van muy unidas. Dios no es el prójimo, y éste no es Dios, pero el amor de ambos es inseparable. No ama a Dios quien no ama al hermano que ve con sus ojos y palpa con sus manos.

Para Jesús el prójimo es sencillamente el ser humano; cualquier hombre que nos tropezamos en el camino, incluido el extranjero y el enemigo. Prójimo es aquel a quien tengo que aproximarme porque necesita mi amor. El que ama al ser humano por lo que es, se encuentra con la sorpresa de que está amando a Dios.

Amar para Jesús consiste en poner al servicio del hermano lo mejor de nosotros mismos: la propia vida. Él lo dijo y lo hizo: *Hemos comprendido lo que es el amor porque él se desprendió de su vida por nosotros* (1 Juan 3,16). Lo mismo confiesa Pablo: *Vivo en la fe del Hijo de Dios, que me amó y se entregó por mí (Gálatas 2, 20)*. En este amor radical Jesús manifestó sus preferencias por los pequeños, los pobres, los excluidos y marginados, por los sin-amor.

Amémonos porque el amor viene de Dios y Dios es amor. El Dios que en su ser y actuar es amor, es el modelo supremo de referencia que nos propone Jesús. Dios ama al mundo y al ser humano entregando lo mejor que tiene, su propio Hijo (Juan 3, 16). Dios Padre ama a la humanidad, preocupándose de su vida, de su comida y vestido (Mateo 6, 25-34). Ama sin fijarse en etiquetas de buenos, malos, justos e injustos, reparte su sol y su lluvia sobre el campo de todos (Mateo 5, 44-45). Ama, ejercitando la misericordia y alegrándose con la rehabilitación del que se ha equivocado (Lucas 15).

Sólo el que ha conocido el amor de Dios Padre en toda su radicalidad, el que ha experimentado el gozo de sentirse amado y perdonado, es capaz de amar y sentir el gozo de ayudar al otro y perdonar. No amemos de palabra, sino con obras.

Nada más perfecto que el amor, nos lo dice san Pablo en su primera carta a los Corintios (13, 1-8):

"Aunque hablara todas las lenguas de los hombres y de los ángeles, si me falta el amor sería como bronce que resuena o campana que retiñe. Aunque tuviera el don de profecía y descubriera todos los misterios -el saber más elevado-, aunque tuviera tanta fe como para trasladar montes, si me falta el amor nada soy. Aunque repartiera todo lo que poseo e incluso sacrificara mi cuerpo, pero para recibir alabanzas y sin tener el amor, de nada me sirve.

El amor es paciente y muestra comprensión.
El amor no tiene celos, no aparenta ni se infla.

No actúa con bajeza ni busca su propio interés,
no se deja llevar por la ira y olvida lo malo.
No se alegra de lo injusto,
sino que se goza en la verdad.
Perdura a pesar de todo,
lo cree todo,
lo espera todo y lo soporta todo.
El amor nunca pasará".

7. BENDICIÓN en la página 83.

Diciembre

JESÚS NACIDO EN BELÉN

1,2,3,4, en la página 77.

5. DEL EVANGELIO SEGÚN SAN LUCAS 2, 6-14

Mientras estaban en Belén, llegó para María el momento del parto y dio a luz a su Hijo primogénito. Lo envolvió en pañales y lo acostó en un pesebre, pues no había lugar para ellos en la posada.

En la región había pastores que vivían en el campo y que por la noche se turnaban para cuidar sus rebaños. Se les apareció un ángel del Señor, y la gloria del Señor los rodeó de claridad. Y quedaron muy asustados. Pero el ángel les dijo: «No tengan miedo, yo vengo a comunicarles una buena noticia, que será motivo de mucha alegría para todo el pueblo: hoy, en la ciudad de David, ha nacido para ustedes un Salvador, que es el Mesías y el Señor. Miren cómo lo reconocerán: hallarán a un niño recién nacido, envuelto en pañales y acostado en un pesebre».

De pronto una multitud de seres celestiales aparecieron junto al ángel, y alababan a Dios con estas palabras: «Gloria a Dios en lo más alto del cielo y en la tierra paz a los hombres: ésta es la hora de su gracia».
Palabra del Señor. Gloria a Ti, Señor Jesús.

6. MEDITEMOS

La Iglesia se siente feliz por este nacimiento del Hijo de Dios y, por eso, expresa la fuerza de su nacimiento. Como una madre canta porque le ha nacido un hijo, como un hermano canta porque hay un nuevo hermano en casa, como una esposa canta por el esposo, como una mujer canta por el hombre que ha llenado su vida, así la Iglesia canta por Cristo que llena de plenitud la vida de toda la humanidad.

La noche de Navidad la Iglesia canta el nacimiento del Hijo de Dios que es nuestra vida, que cambia nuestra existencia, que toca cada uno de los momentos de nuestra experiencia, porque asume nuestras pobrezas, nuestros pecados, nuestras tristezas y nuestras esperanzas.

Por esto, el nacimiento de Jesús es un acontecimiento que nos toca a cada uno de nosotros y que toca nuestros problemas de modo que podamos verlos con corazón nuevo. Podríamos recordar algunos de estos problemas: la violencia, la guerra, los secuestros, la droga, la crisis de trabajo. Problemas que tienen un denominador común: el desgarramiento del tejido humano, el sufrimiento humano.

Jesús está entre nosotros para recomponer el tejido humano destrozado, para hacer de nuevo un ambiente verdaderamente humano. Jesús está entre nosotros para hacernos vivir con humanidad y dignidad estas cosas, para abrirnos el corazón y la inteligencia. Debemos ponernos en camino hacia Belén, para reconocer este grande acontecimiento que está en medio de nosotros.

Señor Jesucristo, te agradecemos que el Evangelio del amor del Padre, con el que tú viniste a salvar al mundo haya sido proclamado ampliamente en América, como don del Espíritu Santo que hace florecer nuestra alegría.

Te damos gracias por la ofrenda de tu vida, que nos entregaste amándonos hasta el extremo, y nos hace hijos de Dios y hermanos entre nosotros.

Aumenta, Señor, nuestra fe y amor a ti, que estás presente en tantos sagrarios del continente.

Concédenos ser fieles testigos de tu resurrección ante las nuevas generaciones de América, para que conociéndote te sigan y encuentren en ti su paz y su alegría.

Sólo así podrán sentirse hermanos de todos los hijos de Dios dispersos por el mundo.

Tú, que al hacerte hombre quisiste ser miembro de una familia humana, enseña a las familias las virtudes que resplandecieron en la casa de Nazaret. Haz que permanezcan unidas, como tú y el Padre son uno, y sean vivo testimonio de amor, de justicia y solidaridad; que sean escuela de respeto, de perdón y mutua ayuda, para que el mundo crea; que sean fuente de vocaciones al sacerdocio, a la vida consagrada y a las demás formas de intenso compromiso cristiano.

Danos fuerza para anunciar con valentía tu Palabra en la tarea de la Nueva Evangelización, para corroborar la esperanza en el mundo.
(De la Exhortación Apostólica Ecclesia in America)

El Dios que se manifestó a nosotros en la persona de Jesús, que nació en medio de nosotros y vivió en el seno de una familia humilde, nos conceda su paz y nos bendiga.

7. BENDICIÓN en la página 83.

Viacrucis
al Señor de los Milagros de Buga

ORACIÓN DE OFRECIMIENTO

Vamos, Señor de los Milagros, a recorrer las estaciones del Viacrucis, como si no apartáramos los ojos de tu imagen. En ella se condensan todos los sufrimientos de tu camino hacia el Calvario.

Acompañarte así en las estaciones es peregrinar contigo, precedidos por tu cruz, es sorprender en cada una de ellas una lección para nuestra vida cristiana; es oír una voz que nos anima para echar con nuestras cruces a cuestas hacia adelante, en pos de tus pasos que terminan en la gloria de la resurrección.

Madre dolorosa, acompáñanos en nuestro recorrido, infúndenos docilidad y fortaleza para comprender que nuestro compromiso de bautizados nos obliga a ascender hacia el Calvario, donde recibiremos impulsos para llegar hasta la eternidad dichosa.

Del Evangelio según san Lucas (9, 28-36)
Jesús tomó consigo a Pedro, a Santiago y a Juan y subió a un cerro a orar. Y mientras estaba orando, su cara cambió de aspecto y su ropa se volvió de una blancura fulgurante. Dos hombres, que eran Moisés y Elías,

conversaban con él. Se veían en un estado de gloria y hablaban de su partida, que debía cumplirse en Jerusalén. Un sueño pesado se había apoderado de Pedro y sus compañeros, pero se despertaron de repente y vieron la gloria de Jesús y a los dos hombres que estaban con él. Como éstos estaban para irse, Pedro dijo a Jesús: «Maestro, ¡qué bueno que estemos aquí! Levantemos tres chozas: una para ti, otra para Moisés y otra para Elías». Pero no sabía lo que decía.

Estaba todavía hablando, cuando se formó una nube que los cubrió con su sombra, y al quedar envueltos en la nube se atemorizaron. Pero de la nube llegó una voz que decía: «Este es mi Hijo, mi Elegido; escúchenlo». Después de oírse estas palabras, Jesús estaba allí solo.

Los discípulos guardaron silencio por aquellos días, y no contaron nada a nadie de lo que habían visto.
Palabra del Señor. Gloria a ti, Señor Jesús.

Oremos: Señor Jesús, tú acogiste con la misma bondad a los griegos como a los judíos y a todos les propusiste que te siguieran hasta el Reino de tu Padre. Concédenos saber morir como tú a nosotros mismos, sirviendo a todos nuestros hermanos próximos o lejanos. Y danos fortaleza para que, incluso en medio de la prueba, mantengamos la esperanza de compartir tu vida y tu gloria. Amén.

UN JUEZ TE CONDENA A MORIR CRUCIFICADO

Te adoramos, Cristo, y te bendecimos.
Por tu Santa Cruz redimiste al mundo.

Del Evangelio según san Juan (19, 1-6)
Entonces Pilato tomó a Jesús y ordenó que fuera azotado. Los soldados hicieron una corona con espinas y se la pusieron en la cabeza, le echaron sobre los hombros una capa de color rojo púrpura y acercándose a él, le decían: «¡Viva el rey de los judíos!» Y le golpeaban en la cara.

Pilato volvió a salir y les dijo: «Miren, se lo traigo de nuevo afuera; sepan que no encuentro ningún delito en él». Entonces salió Jesús afuera llevando la corona de espinas y el manto rojo. Pilato les dijo: «Aquí está el hombre».

Al verlo, los jefes de los sacerdotes y los guardias del templo comenzaron a gritar: «¡Crucifícalo! ¡Crucifícalo!» Pilato contestó: «Tómenlo ustedes y crucifíquenlo, pues yo no encuentro motivo para condenarlo».
Palabra del Señor. Gloria a ti, Señor Jesús.

En los orígenes de tu devoción, Señor de los Milagros, un hombre del pueblo humilde va a ser condenado a la prisión, de cuyas cadenas lo libra una india lavandera compasiva.

Tú nos libraste de la condena, por nuestras culpas merecida. Te interpones entre nuestra condición de pecadores y la justicia del cielo. Gracias, Señor, y mil gracias. Prometemos no condenarte en nuestros prójimos; nos comprometemos a ayudar en sus angustias a los enfermos, a los prisioneros de la cárcel y de tantas situaciones inhumanas, como si el favor te lo hiciéramos a ti en persona: *Estaba enfermo y me visitaron, preso y vinieron a verme* (Mateo 25, 36).

Oremos: Dios, Padre nuestro, ante tu Hijo condenado a muerte, te pedimos por todos los que son injustamente condenados. Concédeles tu ayuda y tu gracia. Que la justicia y la fraternidad se establezcan finalmente en la humanidad.

Gloria al Padre y al Hijo y al Espíritu Santo. Como era en el principio ahora y siempre por los siglos de los siglos. Amén.

SEGUNDA ESTACIÓN

JESÚS ES CARGADO CON LA CRUZ

Te adoramos, Cristo, y te bendecimos.
Por tu Santa Cruz redimiste al mundo.

Del Evangelio según san Juan (19, 17)
Y con eso se hicieron cargo de Jesús. Él, llevando a cuestas su cruz, salió para un lugar que llamaban la Calavera, que en hebreo se dice Gólgota.
Palabra del Señor. Gloria a ti, Señor Jesús.

Mirarte en tu imagen, Señor de los Milagros, es recordar que como soportaste con amor tu cruz, cuando estabas tan mermado en tus fuerzas, también nos invitas a llevar la nuestra. Es más. Nos dices que ayudemos a nuestros hermanos a llevar sus cruces. Así lo hizo la indiecita que te encontró en el río. Tomó como propia la situación del prisionero.

Estimula en los bautizados la generosidad para que se den la mano, se ofrezcan a consolarte en las personas de los que gimen bajo el agobio de sus dolores: enfermedades, persecuciones, pobreza, desilusiones...

Oremos: Dios, Padre nuestro, delante de Jesús ultrajado, abofeteado y cargado con la cruz, te pedimos por todos los despreciados, los incomprendidos, los perseguidos. Que puedan unir su prueba a la cruz de tu Hijo Jesús, y llegar con él a la verdadera vida. Y te pedimos por todos los pueblos de la tierra. Que se unan finalmente en el único rebaño del único pastor.

Gloria al Padre y al Hijo y al Espíritu Santo. Como era en el principio ahora y siempre por los siglos de los siglos. Amén.

JESÚS CAE POR PRIMERA VEZ

Te adoramos, Cristo, y te bendecimos.
Por tu Santa Cruz redimiste al mundo.

Del Evangelio según san Juan (12, 23-28)
Ha llegado la hora de que se manifieste la gloria de este Hombre. Sí, lo aseguro, si el grano de trigo cae en tierra y no muere, queda infecundo; en cambio, si muere, da fruto abundante. Quien tiene apego a la propia existencia, la pierde; quien desprecia la propia existencia en el mundo, ése la conserva para una vida sin término. El que quiera servirme, que me siga, y allí donde esté yo, está también mi servidor; a quien me sirva lo honrará mi Padre.
Palabra del Señor. Gloria a ti, Señor Jesús.

Cuando contemplamos tu imagen, Cristo milagroso, observamos tus rodillas hechas llagas sangrantes. Recordamos cómo caíste cuando te empujaban en la subida al calvario; no podías más, te morías desangrado, con hambre, con sed, sin aliento. Pero te levantas. Tienes que morir crucificado.

Danos valor para enderezarnos cuando nos sintamos oprimidos bajo el peso de nuestros dolores, de nuestras obligaciones, de nuestras carencias y decepciones. No permitas que nos dejemos derrumbar. Tú nos levantas cuando te miramos en tu suplicio, hermano nuestro, en las penas y en la muerte.

Oremos: Dios, Padre nuestro, ante Jesús caído en tierra, te pedimos por todos los enfermos y agonizantes. Dales ánimo ante la cercanía de la muerte. Guárdalos en la confianza y la esperanza mostrándoles la fecundidad de su don, a imagen del don de Cristo.

Gloria al Padre y al Hijo y al Espíritu Santo. Como era en el principio ahora y siempre por los siglos de los siglos. Amén.

CUARTA ESTACIÓN

JESÚS SE ENCUENTRA CON SU MADRE

Te adoramos, Cristo, y te bendecimos.
Por tu Santa Cruz redimiste al mundo.

Del Evangelio según san Juan (19, 25-27)
Estaban junto a la cruz de Jesús su madre; la hermana de su madre, María de Cleofás, y María Magdalena. Al ver a su madre y a su lado al discípulo preferido, dijo Jesús: Mujer, ése es tu Hijo. Y luego al discípulo: Esa es tu madre. Desde entonces el discípulo se la llevó a su casa.
Palabra del Señor. Gloria a ti, Señor Jesús.

Te encuentras, Jesús, con tu Madre acongojada. Se entrecruzan vuestras miradas: la del hijo, debilitado por el peso del madero cruel; la de la madre que te contemplaba enternecida en Belén y en Nazaret, cuando era testigo de tu crecimiento que le causaba encanto, satisfacción, asombro misterioso. Son inseparables: junto al Señor de los Milagros, la Virgen del Perpetuo Socorro, en cuyo cuadro de niño te estremeciste, al mostrarte los ángeles los instrumentos de tu pasión futura. Junto a las imágenes del Crucificado, las de tantas dolorosas que venera el pueblo. Nos salvaste por tu muerte en cruz, aceptaste el que tu madre por compasión diera a tu obra redentora un toque de ternura inefable. Danos la gracia de quererla, de imitarla y de ser comprensivos, generosos en perdonar, prontos para tender la mano a los que lloran bajo el peso de sus tristezas.

Oremos: Dios, Padre nuestro, te pedimos por todas las madres y todos los padres que ven morir a sus hijos. Que mantengan la esperanza de volver a encontrarlos junto a ti. Y que sus amigos y familiares sepan acogerlos y alentarlos, lo mismo que Juan acogió a la Virgen María.

Gloria al Padre y al Hijo y al Espíritu Santo. Como era en el principio ahora y siempre por los siglos de los siglos. Amén.

QUINTA ESTACIÓN

SIMÓN CIRINEO AYUDA A JESÚS A LLEVAR LA CRUZ

Te adoramos, Cristo, y te bendecimos.
Por tu Santa Cruz redimiste al mundo.

Del Evangelio según san Juan (13, 12-17)
Cuando terminó de lavarles los pies, se puso de nuevo el manto, volvió a la mesa y les dijo: «¿Comprenden lo que he hecho con ustedes? Ustedes me llaman Maestro y Señor, y dicen bien, porque lo soy. Pues si yo, siendo el Señor y el Maestro, les he lavado los pies, también ustedes deben lavarse los pies unos a otros. Yo les he dado ejemplo, y ustedes deben hacer como he hecho yo. En verdad les digo: El servidor no es más que su patrón y el enviado no es más que el que lo envía. Pues bien, ustedes ya saben estas cosas: felices si las ponen en práctica.
Palabra del Señor. Gloria a ti, Señor Jesús.

¿Acaso Simón Cirineo protestó cuando el soldado le dio la orden de ayudarte? Es posible que haya reclamado: "pero ¿por qué yo, cuando hay en la calle tanto desocupado"; pero tal vez le dio pesar, sintió lástima al verte tan sin fuerzas ya, tan agotado. Y le agradeciste. Sus hijos Alejandro y Rufo, figuran entre los primeros cristianos de Jerusalén. La indiecita lavandera, que encontró tu imagen en el Guadalajara, tuvo compasión del hombre a quien llevaban preso. Fue para él un cirineo eficaz. No se contentó con decir, como quizás otros que lo habían visto en el camino: "¡pobrecito, qué pesar!" Ella no: le entregó todo el fruto de sus laboriosos ahorros. Danos la gracia de imitarla, de tener imaginación para adivinar las penas del prójimo y para aliviarlas con palabras y con hechos.

Oremos: Dios, Padre nuestro, te pedimos por todos los que se encuentran bajo la prueba y el sufrimiento. Muéstranos cómo podemos ayudarles a llevar su cruz. Enséñanos a amarlos como los ama Jesús.

Gloria al Padre y al Hijo y al Espíritu Santo. Como era en el principio ahora y siempre por los siglos de los siglos. Amén.

LA VERÓNICA LIMPIA EL ROSTRO DE JESÚS

Te adoramos, Cristo, y te bendecimos.
Por tu Santa Cruz redimiste al mundo.

Del Evangelio según san Juan (12, 1-3)
*Seis días antes de la Pascua fue Jesús a Betania, donde
vivía Lázaro, a quien había resucitado de la muerte. Le
ofrecieron allí una cena; Marta servía y Lázaro era uno
de los comensales. María tomó una libra de perfume
de nardo puro, de mucho precio, le ungió los pies a
Jesús y se los secó con el cabello. La casa se llenó de la
fragancia del perfume.*
Palabra del Señor. Gloria a ti, Señor Jesús.

Afortunada mujer! De improviso sorprendió en el velo
con el que ella te cubría la cara, la impresión de tu rostro
dolorido. Sintió en lo vivo tus tormentos. La premiaste
con un recuerdo preciosísimo. Le regalaste la foto de
tu semblante desfigurado. La india lavandera te enjugó
también tu sudor y tu sangre cuando ayudó al endeudado. Le regalaste como premio tu imagen venerada,
en la cual vemos las huellas de tus hermanos que su-

fren, de niños con caras macilentas por el hambre, de hombres y mujeres que sufren con padecimientos que los agobian o envilecen. Danos compasión para enjugar las lágrimas de los que lloran a nuestro lado.

Oremos: Dios, Padre nuestro, te pedimos por los médicos, por las enfermeras, por los que atienden a los enfermos, por todos los que velan al lado de sus hermanos que sufren. Inspírales los gestos de amistad y de aliento, de respeto y de fraternidad que necesitan tantos hombres y mujeres. Y que cada uno de nosotros sepamos abrir nuestro corazón con generosidad y sin reservas para entregarnos al servicio de los demás como Cristo se entregó.

Gloria al Padre y al Hijo y al Espíritu Santo. Como era en el principio ahora y siempre por los siglos de los siglos. Amén.

JESÚS CAE POR SEGUNDA VEZ

Te adoramos, Cristo, y te bendecimos.
Por tu Santa Cruz redimiste al mundo.

Del Evangelio según san Juan (14, 27-28)
Les dejo la paz, les doy mi paz. La paz que yo les doy no es como la que da el mundo. Que no haya en ustedes angustia ni miedo. Saben que les dije: Me voy, pero volveré a ustedes. Si me amaran, se alegrarían de que me vaya al Padre, pues el Padre es más grande que yo.
Palabra del Señor. Gloria a ti, Señor Jesús.

Al mirarte en tu imagen, Señor de los Milagros, impresionan tu agonía, la corona de espinas, la herida del costado, los cuajarones de sangre sobre tu pecho y tus brazos, tu cabellera apelmazada. Se multiplican los signos del martirio. Y caes y recaes, camino del Gólgota, porque sobre tu cuerpo se encarnizan los verdugos. Y fueron crueles o cobardes tus jueces. Te abofetearon, llovieron sobre tu espalda los azotes, te hundieron en la cabeza las espinas. En nuestra vida se multiplican las caídas, los esfuerzos fallidos, las promesas de amarte

no cumplidas, las blanduras o brusquedades de genio.
Acude con tus manos, compasivas y fuertes, para que
no sigamos recayendo.

Oremos: Dios, Padre nuestro, te pedimos por todos los
artífices de la paz. Que ante los odios, las divisiones, los
conflictos armados, las guerras, las injusticias con los
pueblos, nos acordemos de Jesús que muere para de-
jarnos su paz. Enséñanos a trabajar con ardor y con fe
por la reconciliación, la justicia y la paz entre toda la
humanidad.

Gloria al Padre y al Hijo y al Espíritu Santo. Como era
en el principio ahora y siempre por los siglos de los
siglos. Amén.

JESÚS CONSUELA A LAS MUJERES DE JERUSALÉN

Te adoramos, Cristo, y te bendecimos.
Por tu Santa Cruz redimiste al mundo.

Del Evangelio según san Juan (4, 10.13-14)
Jesús le dijo: Si conocieras el don de Dios y quién es el que te pide de beber, le pedirías tú a él y él te daría agua viva... El que bebe agua de ésta vuelve a tener sed; el que beba el agua que yo voy a dar nunca más tendrá sed: porque esa agua se le convertirá dentro en un manantial que salta dando una vida sin término.
Palabra del Señor. Gloria a ti, Señor Jesús.

Lloran, pero su llanto ya no sirve de nada. Te vemos pasar con tu cruz a cuestas. Y lo lamentamos. Pero ¿qué hacemos o qué podemos hacer? Ante nuestros ojos desfilan los que padecen: los niños que cada día, por millares, mueren de hambre en todo el mundo. Las víctimas, cada vez más numerosas, del cáncer y del Sida. Pasas con tu cruz a cuestas. Centenares y centenares de muertes provocadas. Bandas de drogadictos que se

retuercen entre los brazos del vicio; las víctimas del se-
cuestro despiadado. Pasas ante nuestros ojos con tu cruz
a cuestas. Decimos: ¡qué pesar! Pero ¿qué hacer? Que
por lo menos nos movamos a socorrerte en los vecinos más cercanos; que no tengamos el remordimiento
de haberte visto bajo el peso de tu cruz sin haberte so-
corrido. De nuevo recordamos el gesto de la india que
alarga la bolsa al desventurado prisionero.

Oremos: Dios, Padre nuestro, te pedimos por todas las
mujeres cristianas, nuestras madres, nuestras esposas,
nuestras hijas, nuestras hermanas. Que el amor de
Cristo crucificado sea el aliento de su vida y que la
humanidad sepa quererlas, respetarlas y reconocer el
lugar debido que han de ocupar en la Iglesia y en el
mundo.

Gloria al Padre y al Hijo y al Espíritu Santo. Como era
en el principio ahora y siempre por los siglos de los
siglos. Amén.

NOVENA ESTACIÓN

JESÚS CAE POR TERCERA VEZ

Te adoramos, Cristo, y te bendecimos.
Por tu Santa Cruz redimiste al mundo.

Del Evangelio según san Juan (15, 7-11)
Mientras ustedes permanezcan en mí y mis palabras permanezcan en ustedes, pidan lo que quieran y lo conseguirán. Mi Padre es glorificado cuando ustedes producen abundantes frutos: entonces pasan a ser discípulos míos. Como el Padre me amó, así también los he amado yo: permanezcan en mi amor. Si cumplen mis mandamientos, permanecerán en mi amor, como yo he cumplido los mandamientos de mi Padre y permanezco en su amor. Les he dicho todas estas cosas para que mi alegría esté en ustedes y su alegría sea completa.
Palabra del Señor. Gloria a ti, Señor Jesús.

Estás horrorosamente débil. No puedes con tu parte de tu cruz, después que el Cirineo arrimó sus hombros. Caes, forcejas para levantarte, das traspiés vacilantes. Sin embargo te enderezas, porque elevado en la cruz darás el supremo testimonio de tu entrega al Padre. Al contemplarte en tu imagen, Cristo Milagroso, con la cabeza inclinada, nos parece que te inclinas porque nos ves acobardados. Nos brindas tu comprensión y tu auxilio. Sí, caemos y recaemos; nos vemos derrotados. Luchamos, o a veces no luchamos, por levantarnos. Míranos, Señor de la agonía, con tus ojos bondadosos. Tiéndenos la mano para reanimarnos y poner los pies sobre tus huellas tintas en sangre. Míranos, para que más allá de tu cruz, entreveamos tu gloria, a cuyo gozo nos invitas.

Oremos: Dios, Padre nuestro, te pedimos por todos los que amamos y por aquellos de los que estamos separados. Que a ejemplo de Jesús, nuestros corazones y nuestras manos se abran para los más pobres, los más desgraciados, los más despreciados. Que el amor de Cristo transforme finalmente al mundo.

Gloria al Padre y al Hijo y al Espíritu Santo. Como era en el principio ahora y siempre por los siglos de los siglos. Amén.

DÉCIMA ESTACIÓN

JESÚS ES DESPOJADO DE SUS VESTIDURAS

Te adoramos, Cristo, y te bendecimos.
Por tu Santa Cruz redimiste al mundo.

Del Evangelio según san Juan (19, 23-24)
*Cuando crucificaron a Jesús, los soldados repartieron
su ropa en cuatro lotes, uno para cada uno, dejando
aparte la túnica. Era una túnica sin costura, tejida de
una pieza de arriba abajo. Los soldados se dijeron: Mejor
que dividirla en pedazos la echaremos a suerte, a ver a
quién le toca. Así se cumplió la Escritura: «Se repartieron
mi ropa y echaron a suerte mi túnica».*
Palabra del Señor. Gloria a ti, Señor Jesús.

Así te vemos en tu imagen, Señor de los Milagros: desnudo. Manos hábiles y devotas te arreglan un lienzo para
cubrirte de la cintura abajo. Y te cubren de preciosas flo-
res cuando te sacan en procesión por las calles. Prometes
un cielo a quien te haya descubierto en el hermano desnudo. Son centenares los que pasan frío, tendidos en las
calles de nuestras ciudades del tercer mundo. Hay otros
hermanos que muestran señales de despojo: no tienen

coraje para luchar, víctimas de la desesperanza, desprovistos de razones para vivir; carecen de cariño que los estimulen. Danos la gracia de volver hacia ellos nuestros ojos y nuestras manos de misericordia. Aviva nuestra fe para que en ellos te reconozcamos. *Estaba desnudo y me vistieron.*

Oremos: Dios, Padre nuestro, delante de Jesús despojado y desnudo te pedimos por los más pobres de la humanidad, por todos los que en el mundo carecen de vestido, de casa, de pan o de trabajo. Enséñanos a compartir lo que tenemos; enséñanos la forma de ayudarles con mayor eficacia; impulsa a todos los pueblos de los países desarrollados a una verdadera solidaridad.

Gloria al Padre y al Hijo y al Espíritu Santo. Como era en el principio ahora y siempre por los siglos de los siglos. Amén.

Undécima Estación

JESÚS ES CLAVADO EN LA CRUZ

Te adoramos, Cristo, y te bendecimos.
Por tu Santa Cruz redimiste al mundo.

Del Evangelio según san Juan (19, 17,22)
Llevando a cuestas su cruz, salió para un lugar que llamaban la Calavera. Allí lo crucificaron con otros dos, uno a cada lado y Jesús en medio. Pilato mandó también escribir un letrero y ponerlo en la cruz; decía: JESÚS NAZARENO, EL REY DE LOS JUDÍOS. Como el lugar donde crucificaron a Jesús estaba cerca de la ciudad, muchos judíos leyeron el letrero; porque además estaba escrito en hebreo, latín y griego.
Palabra del Señor. Gloria a ti, Señor Jesús.

Besamos los clavos que te sujetan al madero. La india lavandera, al socorrer con sus setenta reales al endeudado paisano, prefirió seguir atada a la cruz del trabajo y de su pobreza. Premiaste su desprendimiento. Glorificaste la cruz en que la había clavado su condición de raza subyugada y de mujer laboriosa. Como besamos los clavos de tu cruz, acataremos también las situaciones en que nos sintamos sujetados a nuestra suerte menos deseable. No renegaremos de ella, como el ladrón crucificado a tu izquierda. La bendeciremos como el otro bandido afortunado, a quien prometiste un paraíso. Enséñanos a decir como tu apóstol Pablo: *estoy crucificado con Cristo*.

Oremos: Dios, Padre nuestro, delante de Jesús, nuestro rey crucificado, te pedimos por los pecadores entre los que reconocemos que estamos también nosotros. Concédenos tu perdón y tu misericordia. Haz conocer el amor de Jesús a cuantos lo ignoran. Y haz que vuelvan a ti el hijo pródigo, la oveja descarriada, el malhechor y el condenado a muerte. Que todos vuelvan a encontrar la esperanza de ser un día vencedores con Cristo en tu reino.

Gloria al Padre y al Hijo y al Espíritu Santo. Como era en el principio ahora y siempre por los siglos de los siglos. Amén.

JESÚS MUERE EN LA CRUZ

Te adoramos, Cristo, y te bendecimos.
Por tu Santa Cruz redimiste al mundo.

Del Evangelio según san Juan (19, 28-30)
*Después de esto sabiendo Jesús que todo quedaba termi-
nado, para que se cumpliera la Escritura, dijo: Tengo
sed. Había allí un jarro con vinagre. Sujetando a una
caña de hisopo una esponja empapada en el vinagre,
se la acercaron a la boca; cuando tomó el vinagre, dijo
Jesús: Queda terminado. Y reclinando la cabeza, entregó el espíritu.*
Palabra del Señor. Gloria a ti, Señor Jesús.

Incontables son los enfermos que se postran a tus plan-
tas, Señor de los Milagros. Muchos, porque ya fallan los
recursos humanos, depositan en ti su última esperanza.
Les da miedo morir, como a todos. Mas de una vez te
agradecen enternecidos porque dilataste la hora de su
muerte, al recuperar la salud. Pero pagaremos todos
tributo a la muerte inevitable. Haz que bajo tus miradas, Señor de los Milagros, aprendamos a aceptarla de

antemano. También tuviste miedo de morir. Pero acataste la voluntad del Padre. Aceptamos la muerte con todas las circunstancias que han de rodearla, para imitarte en tu gesto de amorosa entrega. Madre Dolorosa, tú lo acompañaste en su agonía. Adoraste como él la voluntad divina. Le asistió tu presencia de dolor y comprensión. Ruega por nosotros, pecadores, ahora y en la hora de nuestra muerte.

Oremos: Dios, Padre nuestro, te pedimos por toda la humanidad de hoy, de ayer y de mañana, de todas las razas y de todos los países. Por ellos es por los que Jesús no se niega a ser entregado a sus verdugos y a sufrir el suplicio de la cruz. Que por su pasión y por su sangre derramada sobre nosotros el Espíritu Santo inunde al mundo entero y lo regenere en la misericordia, el amor y la paz.

Gloria al Padre y al Hijo y al Espíritu Santo. Como era en el principio ahora y siempre por los siglos de los siglos. Amén.

DÉCIMA TERCERA ESTACIÓN

JESÚS ES BAJADO DE LA CRUZ

Te adoramos, Cristo, y te bendecimos.
Por tu Santa Cruz redimiste al mundo.

Del Evangelio según san Juan (19, 38-42)
*Después de esto, José de Arimatea, discípulo de Jesús,
pero clandestino por miedo a las autoridades judías, le
pidió a Pilato que le dejara quitar el cuerpo. Pilato lo
autorizó. Él fue y quitó el cuerpo de Jesús. Fue también
Nicodemo, aquel que la primera vez había ido a verlo
de noche, llevando unas cien libras de una mezcla de
mirra y áloe. Cogieron el cuerpo de Jesús y lo venda-
ron de arriba abajo echándole aromas, como acostum-
braban a enterrar los judíos. En el sitio donde lo crucificaron había un huerto, y en el huerto un sepulcro
nuevo donde todavía no habían enterrado a nadie.
Como para los judíos era día de preparativos y el sepulcro estaba cerca, pusieron allí a Jesús.*
Palabra del Señor. Gloria a ti, Señor Jesús.

Has muerto. Por fortuna hay amigos y amigas que re-
verentes bajan de la cruz tu cuerpo sin vida. Te colocan

en brazos de la Madre. Los brazos te acunaron y arrullaron en Belén, cuando la embelesabas con tu cara de niño. Te cubría de besos, te mecía en sus brazos juveniles. Hoy, Madre, te lo entregamos muerto. Tú nos lo diste esplendoroso. Un día se despidió de ti en Nazaret, para lanzarse a las peripecias de la vida pública. Estaba entonces radiante. Con esta devoción del viacrucis hermanaremos la del rosario, la de la veneración de las imágenes de María, como las que vemos en todo templo católico y en nuestros hogares piadosos. Amarte a ti, Señor de los Milagros, exige el que no te separemos de tu madre en nuestro culto. Se complementan maravillosamente.

Oremos: Dios, Padre nuestro, al mirar a Jesús sometido a la muerte, te pedimos con fe por todos nuestros parientes y amigos difuntos. Acuérdate también de todos los muertos caídos en tantas guerras y de todos los que han sido olvidados y por los que nadie reza. Acógelos a todos junto a ti en el descanso, la paz y la vida verdadera con Jesucristo, nuestro Señor.

Gloria al Padre y al Hijo y al Espíritu Santo. Como era en el principio ahora y siempre por los siglos de los siglos. Amén.

JESÚS DESCANSA A LA ESPERA DE LA RESURRECCIÓN

Te adoramos, Cristo, y te bendecimos.
Por tu Santa Cruz redimiste al mundo.

Del Evangelio según san Juan (11, 20-27)
Cuando Marta se enteró de que llegaba Jesús, salió a recibirlo, mientras María se quedaba en la casa. Marta le dijo a Jesús: Señor, si hubieras estado aquí no habría muerto mi hermano. Pero, así y todo, sé que Dios te dará lo que le pidas. Jesús le dijo: Tu hermano resucitará. Marta respondió: Ya sé que resucitará en la resurrección del último día. Jesús le dijo: Yo soy la resurrección y la vida: el que tiene fe en mí, aunque muera, vivirá; y todo el que está vivo y tiene fe en mí, no morirá nunca. ¿Crees esto? Ella le contestó: Sí, Señor; yo creo que tú eres el Mesías, el Hijo de Dios que tenía que venir al mundo.
Palabra del Señor. Gloria a ti, Señor Jesús.

Encima del camarín donde te veneramos, Señor de los Milagros, se yergue, en el retablo mayor de la Basílica, la imagen del resucitado. Nuestra devoción no termina en la imagen. Ella es un símbolo de tu amor llevado hasta el extremo de la muerte. Confesamos que los «milagros» que te agradecen tus devotos no los obras como Cristo muerto. Los realizas con la poderosa pujanza que te coronó como vencedor del odio que quiso eliminarte. ¡Estás vivo! ¡Sigues obrando con el impulso del amor que te llevó al Calvario! En la tumba sólo estuviste de paso, rumbo a la gloria.

Oremos: Dios, Padre nuestro, te damos gracias por la pasión y la muerte de Jesús, porque sabemos que no hay más grande amor que dar la vida por los que uno ama. Y te bendecimos porque creemos que él resucitó para hacernos vivir con él y conducirnos por el Espíritu Santo a la plenitud de tu amor.

Gloria al Padre y al Hijo y al Espíritu Santo. Como era en el principio ahora y siempre por los siglos de los siglos. Amén.

CONCLUSIÓN

Señor Jesús, hemos meditado tu pasión, hemos contemplado tu muerte y nos llenamos de gozo por tu resurrección. Guárdanos en la fe, en la paz, en la caridad. Concédenos un grande amor a la Escritura Sagrada, que es tu Palabra. Y que esa buena nueva nos arrastre cada vez más al amor y al servicio de nuestros hermanos. En el nombre del Padre..

CONSAGRACIÓN
AL SEÑOR DE LOS MILAGROS

Señor de los Milagros, porque te amo, he venido a visitarte, para alabarte, para bendecirte, para darte gracias por tantos favores como me has concedido.

Señor de los Milagros, porque te amo, yo me arrepiento de todos los pecados que he cometido y con los cuales te he crucificado de nuevo en mi corazón; yo te prometo comenzar desde hoy una vida nueva.

Señor de los Milagros, porque te amo, quiero amarte presente en cada uno de mis hermanos.

Señor de los Milagros, porque te amo, he venido a suplicarte como el leproso del Evangelio: «Señor, si quieres, puedes curarme» (Mc 1,40). Cúrame, Señor, de la enfermedad del pecado y de las demás enfermedades que me hacen sufrir.

Señor de los Milagros, porque te amo, yo me consagro a tu servicio con mi familia, con mis seres queridos, con mis trabajos, mis problemas y mis alegrías.

Señor de los Milagros, porque te amo, yo quiero vivir siempre contigo durante la vida, para vivir siempre contigo en el cielo.

Oh María, Madre del Perpetuo Socorro, presenta tú misma esta consagración a tu divino Hijo. Amén.

HIMNO AL SEÑOR DE LOS MILAGROS

Gloria a ti, gloria a ti, Milagroso
que diste a esta tierra un tesoro en la Cruz
y en tus llagas, y en tus llagas a todos abriste
manantiales de gracia y salud.

Mira oh Cristo, con cuánta ternura
todo un pueblo te viene a buscar
y entusiasta te adora y te jura
con su amor tus bondades pagar

De la Cruz has estado vertiendo
a esta tierra torrentes de amor
y en tus fuentes seguimos bebiendo
gracias mil, Milagroso Señor.

Varios siglos, Jesús, has estado
remediándonos culpa y dolor
y si siempre ves llanto a tu lado
siempre en Cruz te verán, Rey de amor.

En la Cruz te han mirado los siglos
tú has querido desde ella reinar
y si a Buga te trajo su río
hecho Cristo quisiste llegar.

AL LLEGAR AL TEMPLO

Bondadoso Señor de los Milagros que estás siempre dispuesto para recibir la visita de tus amigos y devotos, escucha mi ferviente plegaria. Me he puesto en camino porque quiero que toda mi vida sea un constante avanzar hacia Ti. Traigo en el alma muchas penas y necesito que me concedas audiencia.

Mira con benevolencia mi insistente oración y concédeme cuanto te pido con fe. He venido hasta tu presencia escuchando tu Palabra que me dice: *Vengan a mí todos los que estén cansados y agobiados que yo les aliviaré sus cargas.* Envíame la fuerza de tu Espíritu para renovarme interiormente con tu perdón y que Tú seas la meta de mi peregrinación. Amén.

DELANTE DE LA IMAGEN

Amadísimo **Señor**, hasta esta tu casa he llegado para confiarte mis problemas y dolencias. Con la misma fe de la mujer que se acercó para tocar el borde de tu manto y que fue curada porque creyó, así me postro ahora ante tu presencia y te digo desde el fondo del alma: *Señor si quieres puedes curarme.* Tú sigues obrando maravillas y sanando tantos enfermos, porque Tú has asumido nuestras debilidades y llevado nuestros sufrimientos. Concédeme, pues, la gracia que he venido a implorarte.

En silencio presenta tu oración al Señor y pídele la gracia que deseas.

Misericordioso Jesús crucificado, te alabo, te bendigo y te doy gracias, protégeme con tu bendición constante. Amén.

AL ENCENDER UNA LUZ

Señor,
que esta vela que enciendo:
sea luz con la que tú ilumines
mis dificultades y decisiones.
Que sea fuego
para que tú quemes en mí
todo egoísmo, todo orgullo
y toda impureza.
Que sea llama para que calientes
mi corazón y me enseñes a amar.
Te agradezco mi fe,
te la ofrezco y te la doy.
Que pueda sentir tu presencia,
que es luz en las actividades
y trabajos de este día. Amén.

ANTES DEL TRABAJO

Señor, tú creaste el trabajo para que el hombre pudiese valorizar su propia vida. Con el trabajo, ofreces a cada uno la oportunidad de aprender a vencer obstáculos y saborear victorias.

El trabajo se tornó un centinela de la virtud que nos trae paz, salud, abundancia y despreocupación. Somos privilegiados, Señor, porque nos asistes con tus inspiraciones, alentadoras y positivas.

Con la buena disposición que nos inspiras, descubrimos, a través del trabajo, la felicidad de vivir. Señor, tú nos diste este condimento de la vida y la conciencia de poder servir a tus propósitos.

Sin trabajo, no sentimos satisfacciones ni recibimos recompensas valiosas. Gracias a ti, Señor, sabemos trabajar y producimos en la naturaleza transformaciones útiles.

Sin el trabajo, la vida nos parece un navío sin rumbo; hoy somos dirigentes y capitanes de nuestra vida. Gracias, Señor, por la oportunidad de poder iniciar y concluir bien todos nuestros trabajos. Amén.

OFRECIMIENTO DEL DÍA

Señor de los Milagros:
Que mis ojos vean que Tú
eres la luz que alumbra mi camino.
Que mi alma sienta el gozo de llevarte muy
dentro.
Que mi corazón reciba con humildad
el amor que Tú me das.

Que mis pensamientos
sean para glorificarte y bendecirte.
Que mis silencios sean
para hablar contigo y escucharte.
Que mis oraciones clamen ante Ti
el cambio que debo tener.

Señor de los Milagros:
Quiero vivir bajo tu mirada.
Caminar sin cansancio hasta encontrarte.
Y así sentir la paz y el gozo
que tu infinito amor me da.
Amén.